세종대왕 둘째 딸
정의공주가
알려주는

나랏말쓰미 우리말

여성어휘 편

글　김루시
편집　박지수

목차

육 ——— **우리말 여성어휘와 그와 관련된 일화들**

백오십칠 ——— **여성 의복과 관련한 우리말 어휘**

백구십구 ——— **여성 혐오적 우리말 속담**

정의공주
[정: 이공주]

세종대왕께서 우리말과 한자가 서로 통하지 못함을 딱하게 여겨 훈민정음을 만들었으나, 변음과 토착음을 다 끝나지 못하매 여러 대군에게 풀게 하셨다.

하지만 모두 풀어내지 못하였다. 결국 공주에게 부탁하자 공주가 곧 풀어 바쳤다. 세종께서 무릎을 치며 크게 기뻐하시고 칭찬하여 큰 상을 내리셨다.

사

- 죽산안씨대동보 中

우리말 여성어휘와 그와 관련된 일화들

언니
[언니]

**동기간 손아래 여자가 손위 여자를 부르거나,
어린 남자아이가 손위 남자형제를 호칭하는 말**

 오늘날에는 동기간이 아닌 여자들이 자기 보다 나이가 조금 위인 여자를 높이거나 정답게 부를 때에도 이 말을 쓰고 있어. 심지어는 대학생들간에 한 모임의 남학생이 여학생을 부를 때에도 이 말을 사용하기도 해. 이때, 여학생은 남학생을 '형'이라 부르기도 해. 이는 하나의 변말(은어)로 바람직스러운 언어생활은 아니야. '언니'라는 말을 19세기 말까지의 우리 문헌에서는 찾아볼 수 없기 때문이야. 1895년 이준영(李準榮)·정현(鄭玹)·이기영(李琪榮)·이명선(李明善)·강진희(姜璡熙)가 우리말을 표제어로 해서 편찬한 최초의 국어사전(필사본)인 『국한회어(國漢會語)』에도 '언니'라는 낱말은 없어. 사전의 경우, 20세기에 들어와서 편찬된 우리 나라 최초의 활자본 국어사전인 문세영(文世榮)의 『조선어사전』(1938)과 한글학회의 『큰사전』(1957)에 비로소 '언니'라는 말이 수록돼 있어. 『조선어사전』은 '형과 같음'의 풀이이고, 『큰사전』은 '형을 친근하게 부르는 말'이야. 이러한 사실로 미루어보아, '언니'라는 말은 20세기 초에 이루어진 것이라 할 수 있어.

우리말 여성어휘와 그와 관련된 일화들

신여성
[신녀성]

'새로운 여성'

　신여성은 주로 일제강점기에 많이 사용되던 용어야. 이 용어가 언제, 누구에 의하여 최초로 사용되었는지는 분명하지 않아. 하지만 일제강점기 초부터 널리 통용됐어. 특히 1920년대에 접어들면서 김원주(金元周, 일명 金一葉)가 『신여자』 제2호에 '신여자선언'을 발표하는 등 신여성에 관한 논의가 본격적으로 전개되기 시작했어.

일본의 경우 1910년 쓰보우치(坪內逍遙)가 '새로운 여성'이라는 제목의 강연을 한 뒤 이 말이 유행하기 시작했어. 여류문인 히라쓰카(平塚雷鳥)가 『청탑』이라는 잡지를 통해 본격적인 '신여성론'을 전개했어. 우리나라에서 간행된 『신여자』가 김원주에 의해 1920년에 창간된 것을 감안하면, 일본과 한국의 신여성론은 약 10년 간의 시차가 있었던 거야. 이는 한국 신여성론의 선두주자들이 여학교를 졸업하고 동경유

학을 마친 뒤 귀국하기까지의 기간과도 겹쳐. 이러한 '신여성'은 영국 빅토리아 후기 시대에 처음 나타나서 곧 다른 여러 사회에서 등장한 세계적 현상이야.

각 사회에서 신여성은 중등교육이나 고등교육을 받은 초기 세대들로 이전에는 볼 수 없었던 새로운 가치와 태도를 추구하는 존재로 등장했어. '신여성'이라는 어휘는 경제적 독립을 추구하고 기존의 결혼제도에 대해 문제를 제기하며 자신의 의지를 적극적으로 표현하고 표명하는 일군의 집단을 가리켜. 다양하고 뜨거운 사회적 논란을 일으켰다는 것이 세계적인 공통점이야.

[New Woman, Modern girl, 新女性] (한국민족문화대백과, 한국학중앙연구원)

우리말 여성어휘와 그와 관련된 일화들

여성운동
[여성운:동]

여성의 정치·경제·사회적 권리와 지위 확립을 위한 사회운동

 우리나라 여성운동은 1920년대에 사회주의 사상이 들어오면서부터 크게 달라졌어. 이전까지의 여성운동은 봉건적 억압철폐를 위한 교육계몽운동의 차원에서 전개되었을 뿐이지만, 여성운동의 이념을 제시하면서 조직적 운동을 편 것은 마르크스주의를 받아들인 사회주의 여성운동이 처음이었어. 사회주의 여성운동은 당시 급증한 여성노동자들의 자발적인 투쟁과 진보적 사상을 받아들인 여성 지식인들이 늘어나고 이들이 노동자·농민들의 투쟁에 촉발됨으로써 활발히 전개됐어.

 그 효시는 24년에 결성된 조선여성동우회야. 여성운동 역시 다른 사회주의 운동과 마찬 가지로 파벌대립이 있었으나 이를 지양하고 26년 중앙여성청년동맹으로 통합해. 이들과 기독교계 여성들이 함께 27년 5월 우리나라 여성운동 최초의 통일전선체인 근우회를 결성했어. 31년근우회 해체 후 사회주의 여성운동은 적색노조·적잭농조 부인부 활동을 중심으로 전개해. 해방 직후 여성운동가들을 총망라한 건국부녀동맹이 결성됐으나, 우익계 여성들이 곧 탈퇴, 한국애국부인회·독립촉성중앙부인단 등을 조직하고 이승만 추종세력으로 기능했지.

좌익계 여성들을 중심으로 한 조선부녀총동맹은 광범위한 여성들의 지지·참여하에 활동을 전개했지만, 미군정의 좌익 탄압정책으로 비합법화되고 점차 그 세력이 약화돼. 이후 단정수립 과정을 거치면서 친미반공적 여성 운동만 살아남았으며, 그 결과 체제 유지적·이용적·지배층 여성 중심의 여성 운동으로 일관, 여성대중의 문제 해결과는 무관하게 전개됐어.

[女性運動] (한국근현대사사전, 2005. 9. 10., 한국사사전편찬회)

우리말 여성어휘와 그와 관련된 일화들

금줄치기
[금쭐치기]

**울산광역시 지역에서 아기를 낳은 후 외부인의
차단을 위해 출입문에 금줄을 내거는 풍습**

금줄치기는 아이를 낳고 나면 바로 바깥어른이 경구줄[금줄]을 쳐서 아이의 성별을 표시하고, 외부인의 출입을 금하는 풍속이야. 대부분 대문에 걸지만, 대문이 없을 경우 대청이나 산모가 있는 방문 앞에 걸어. 대문에 걸 경우 양쪽 기둥에 어른 키 높이 정도로 묶어 거는데, 가운데가 약간 처지게 설치했어. 해산 금줄은 출산을 알리는 것이 기본 목적인데, 부정한 사람의 출입을 막고, 잡귀의 범접을 막아 내부를 보호하려고 치는 줄이야.

실제 혈연관계에 있는 형제라도 출가해서 다른 세대를 이루고 있으면 이 금줄을 넘을 수가 없는데, 한 식구 이외의 사람이 들락거리면 삼신이 노해서 아이에게 해를 끼친다고 해. 금줄은 신성 공간과 세속 공간을 경계 짓는 표식으로 일상생활에서도 금줄은 자주 등장해. 장을 담그고 장독에 금줄을 쳐서

금줄치기 (한국향토문화전자대전)

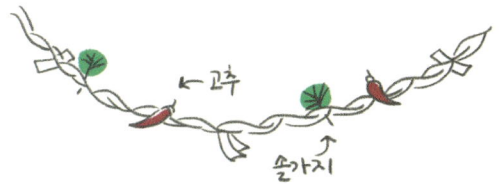

가족의 건강을 관장하는 천륭신의 신전을 지켰고, 마을의 동제당을 비롯해서 신이 있는 곳에는 어김없이 금줄이 등장해.

 금줄은 가장 한국적인 문화 원형의 하나로 우리 민족의 고유한 신앙의 산물이야. 불교나 유교에서는 금줄이 없어. 금줄을 치는 이유는 부정을 탄다고 쳐 두는데, 보름날 걸립놀이 할 때도 출산한 집에는 들어가지 않았어. 소도 새끼를 낳으면 금줄을 쳐 주는데, 솔가지만 꽂아.

우리말 여성어휘와 그와 관련된 일화들

출가외인
[出嫁外人]
(날 출, 시집갈 가, 바깥 외, 사람 인)

시집간 딸은 가족이 아니라 남이나 마찬가지란 뜻

 이 말은 조선시대에 자주 쓰던 표현이야. 유교가 지배한 조선시대는 철저히 남녀차별을 했어. 그래서 여성을 차별하는 다양한 제도가 존재했고 그러한 내용을 전하는 표현 또한 많은데, 이 말도 그런 말들 중 하나야.

 여자는 혼인하면 더 이상 친정 사람이 아니기 때문에 친정에 발도 들여놓으면 안 된다는 말도 많이 했어. 호주제가 폐지되고 시부모와 친정부모를 같이 대우하는 요즘 시각에서는 이해가 안 되는 표현이야.

출가외인 [出嫁外人] - (고사성어랑 일촌 맺기, 2010. 9. 15., 기획집단 MOIM, 신동민)

공주
[공주]

왕이나 황제의 딸

 공주(公主)란 말은 주나라 선왕(宣王) 때 처음 쓰였어. 선왕은 딸을 시집보내면서 이 혼례를 제후인 공(公)에게 맡겼는데, '공(公)'은 혼례를 주관한 사람을 가리키고, '주(主)'는 공(公)이 받들어 모신 주인이라는 뜻이야.

 그러다가 나중에는 시집을 가는 왕이나 황제의 딸을 가리키게 됐고, 그것도 왕후 사이에 났느냐, 비빈 사이에 났느냐를 구분해서 공주와 옹주로 나눠졌어. 옹주(翁主)는 후궁이 낳은 딸이라는 뜻이야.

공주 [公主] (뜻도 모르고 자주 쓰는 우리말 어원 500가지, 2012. 1. 20., 이재운, 박숙희, 유동숙)

우리말 여성어휘와 그와 관련된 일화들

첩
[첩]

본처가 있는 남자와 계속적인 성적 결합관계를 맺고 있는 여자

단순한 일시적인 간통의 대상과는 구별돼. 옛날에는 첩이 사회적으로 공인됐고, 오늘날에도 이슬람교국가의 일부다처제 하에서, 또는 뉴기니 등 원시 부족사회 등에서는 공인되고 있어. 그러나 현대문명국가에서는 대부분 일부일처제가 확립되어 축첩이 금지되거나 이혼사유야. 한국도 조선시대에는 축첩이 공인됐어. 첩은 별가(別家)·소실(小室)·소가(小家) 또는 측실(側室)로 불렸어. 그 지위는 처에 준하는 지위가 인정되었을 뿐만 아니라, 재산상속권도 인정됐지. 그러나 첩의 자녀는 적자녀(嫡子女)와는 달리 첩자녀 또는 서자(庶子)라 불러 차별대우를 받았고 상속에 있어서 감액(減額)되었을 뿐만 아니라, 일정 관직 이상에 오를 수도 없었어. 다만 적자가 없을 때에는 서자에게도 조상봉사(祖上奉祀) 권한이 인정됐어(《경국대전》 禮典奉祀條). 한말의 《형법대전(刑法大典)》은 축첩제도를 공인하고 처는 2등, 첩은 4등의 지위를

첩 [妾] (두산백과)

인정했어(64조 7호), 국권피탈 후 일제강점기 초에도 첩은 공인돼 호적에 첩과 서자(庶子)가 기재됐어. 재산상속권도 인정됐어. 그러나 1915년에 이르러 총독부 통첩(24호)으로 첩의 호적 입적이 금지됨으로써 첩은 공인되지 않게 됐어. 또 1943년에 고등법원에서 축첩이 재판상의 이혼원인이 된다고 판시했어. 형법상으로는 남자의 간통행위는 처벌하지 않고 허용됐어. 8 · 15광복 후, 제헌헌법은 남녀평등의 원칙(8조)과 특히 혼인의 남녀동권 및 순결(20조)을 규정해서 축첩은 금지됐어. 이에 따라 형법은 간통죄에서 남자도 처벌하는 쌍벌주의를 취했고, 공무원법상으로는 축첩이 징계사유야. 민법상으로는 첩계약은 선량한 풍속 기타 사회질서 위반으로 무효가 되지만, 첩관계를 끊는 데 대한 금전지급의 약속이나 또는 자(子)의 양육비 지급계약은 유효해. 첩의 자녀는 혼인 외의 출생자로서 모의 호적에 입적시키거나, 또는 부(父)의 인지(認知)에 의하여 부가(父家) 호적에 입적시킬 수 있어. 이 경우, 호적에 서자의 기재는 하지 않고 혼인 중의 출생자와 같이 자(子)로서 표시하고, 혼인 중의 출생자와 같은 지위와 상속권도 인정된다. 다만, 호주승계의 순위에서 혼인 중의 출생자보다 후순위가 돼. (지금은 호적이 폐지가 됐어.)

우리말 여성어휘와 그와 관련된 일화들

여우회
[女友會]

한국 최초의 여성 친목단체

 한국 최초의 여성 친목단체로 설립일은 1898년이야. 주요활동과 업무는 축첩 반대운동이었어. 규모는 회원 50여 명이었어. 1898년에 만든 찬양회(贊襄會)와 동일한 회원으로 조직한 여우회는 한국 최초의 여성 단체에서 축첩 반대를 위해 조직했어. 50여 명으로 구성된 여우회 소속 회원들은 '한 지아비가 두 아내를 거느린 것은 인륜을 거스르는 길이며, 덕과 의를 잃는 행위'라는 내용이 담긴 깃발을 덕수궁 포덕문 앞 장대에 매달았지.

 또한 이들은 고종황제에게 '상감께서는 먼저 후궁을 물리치시고, 공경대부(公卿大夫)로부터 미관말직과 일반서민에 이르기까지 이미 지나간 일은 묻지 않더라도 앞으로는 절대 첩을 두지 말라는 칙령을 내려주옵소서'라는 내용의 상소도 올렸어. 여우회 회원들은 자신들이 독립된 여성임을 보여주기

여우회 [女友會] (두산백과)

위해 자기 이름을 쓴 어깨띠를 했어. 그런데 이 중에는 자기의 이름 석자를 분명히 쓴 사람도 있었지만 남편의 성을 따서 이부인(李夫人), 김실인(金室人) 등으로 쓴 사람들도 있었어. 단지 선두에서 지휘한 여우회 회장만 한문으로 자신의 이름을 '정형숙(鄭亨淑)'이라고 썼어. 북촌 회동에 살았던 정형숙은 매일 회원 전원을 이끌고 오전 10시경부터 오후 6시 초경이 울릴 때까지 대궐 문 앞에서 1주일 이상 고종황제의 어명을 기다렸어. 그러나 여우회의 축첩 반대운동은 성과 없이 끝났다고 해.

> 한 지아비가 두 아내를 거느린 것은
> 인륜을 거스르는 길이며
> 덕과 의를 잃는 행위

우리말 여성어휘와 그와 관련된 일화들

독려
[女友會]

한국 최초의 여성 친목단체

 한국 최초의 여성 친목단체로 설립일은 1898년이야. 주요활동과 업무는 축첩 반대운동이었어. 규모는 회원 50여 명이었어. 1898년에 만든 찬양회(贊襄會)와 동일한 회원으로 조직한 여우회는 한국 최초의 여성 단체에서 축첩 반대를 위해 조직했어. 50여 명으로 구성된 여우회 소속 회원들은 '한 지아비가 두 아내를 거느린 것은 인륜을 거스르는 길이며, 덕과 의를 잃는 행위'라는 내용이 담긴 깃발을 덕수궁 포덕문 앞 장대에 매달았지.

 또한 이들은 고종황제에게 '상감께서는 먼저 후궁을 물리치시고, 공경대부(公卿大夫)로부터 미관말직과 일반서민에 이르기까지 이미 지나간 일은 묻지 않더라도 앞으로는 절대 첩을 두지 말라는 칙령을 내려주옵소서'라는 내용의 상소도 올렸어. 여우회 회원들은 자신들이 독립된 여성임을 보여주기

여우회 [女友會] (두산백과)

승려
[女友會]

한국 최초의 여성 친목단체

위해 자기 이름을 쓴 어깨띠를 했어. 그런데 이 중에는 자기의 이름 석자를 분명히 쓴 사람도 있었지만 남편의 성을 따서 이부인(李夫人), 김실인(金室人) 등으로 쓴 사람들도 있었어. 단지 선두에서 지휘한 여우회 회장만 한문으로 자신의 이름을 '정형숙(鄭亨淑)'이라고 썼어. 북촌 회동에 살았던 정형숙은 매일 회원 전원을 이끌고 오전 10시경부터 오후 6시 초경이 울릴 때까지 대궐 문 앞에서 1주일 이상 고종황제의 어명을 기다렸다. 그러나 여우회의 축첩 반대운동은 성과 없이 끝났다고 해.

우리말 여성어휘와 그와 관련된 일화들

조강지처
[糟糠之妻]
(지게미 조, 겨 강, 갈 지, 아내 처)

보잘것없는 음식을 먹으면서 함께 고생한 아내

줄여서 조강(糟糠)이라고도 해. 조(糟)는 술을 만들고 남은 쌀 찌꺼기, 강(糠)은 쌀겨로, 조강(糟糠)은 가난한 처지에 먹는 보잘것없는 음식을 가리켜. 오랜 세월 산전수전 겪으며 함께 살아온 아내를 흔히 조강지처라고 해.

《후한서(後漢書)》 〈송홍전(宋弘傳)〉에 나오는 고사로, 후한 광무제(光武帝) 때 벼슬을 한 송홍은 인품이 훌륭한 사람들에게 존경을 받았어. 당시 광무제는 누나인 호양공주(湖陽公主)가 일찍이 과부가 되어 쓸쓸히 지내는 것을 보고 배필이 될 만한 사람을 찾고 있었지. 우연히 신하들의 인품에 대해 이야기하다가 그녀가 송홍의 풍모와 인품을 좋게 생각하고 있다는 것을 알게 되었어. 그런데 송홍에게는 아내가 있었지. 마침 송홍이 공무로 광무제를 만나러 왔고 광무제는 호양공주를 병풍 뒤에 숨기고 그에게 넌지시 물었어. "속담에 사

조강지처 [糟糠之妻] (두산백과)

람이 지위가 높아지면 친구를 바꾸고 집이 부유해지면 아내를 바꾸려 한다고 하오. 인지상정이 아니겠소?" 하고 말하자 송홍은 대답했어. "신은 어려울 때 사귄 친구는 잊어서는 안 되고, 술지게미와 쌀겨를 함께 먹은 아내는 마루에서 내려오게 해서는 안 된다고 들었습니다(臣聞 貧賤之交不可忘 糟糠之妻不下堂)"라고 했어. 자기 아내에 대한 송홍의 마음을 알고 광무제는 호양공주가 있는 쪽을 돌아보며 조용한 말로 "일이 틀린 것 같습니다"라고 말했대.

우리말 여성어휘와 그와 관련된 일화들

다모
[茶母]

조선시대 궁중의 다방소속이 아닌 일반 관사(官司)에서 차와 술 대접 등 잡일을 맡아 하던 관비(官婢)

 조선시대 사헌부 관원들은 특별한 일이 없는 날에도 다시청(茶時廳)에 모여 차를 마시는 풍속이 있었어. 이와 같은 풍속으로 보아 관사에서 다사(茶事)를 맡은 다모가 필요하였을 거야. 그러나 조선 후기에는 음다풍속의 쇠퇴에 기인함인지 아니면 비슷한 발음 때문인지 다모는 음식 등의 잡일을 하는 찬모와 혼용되게 쓰였으며, 단순한 관비로 변해버렸어. 한편, 개화기 이후 궁중에서 풀려나온 궁녀들이 차마시는 풍습을 항간에 전파시켜 차를 대접하는 풍습이 생겨나기도 했고, 점차 차를 파는 찻집이 생겨나기도 했지. 예전의 서울 모전다리 찻집에서는 겨드랑이의 살이 보이는 짧은 저고리를 입은 다모들이 손님을 유인해서 작설차를 팔았기 때문에 '모전다리 다모의 겨드랑이'라는 속담이 생겨나기도 했어. 또한, 쌍계사 입구에는 모녀가 작설차를 파는 찻집이 있기도 했대.

(한국민족문화대백과, 한국학중앙연구원)

찬모
[참모]

반찬 만드는 일을 맡아 하는 직업인

 반빗아치·찬비(饌婢)라고도 불렸어. 예전에 잘사는 양반집에서는 종의 자식을 어려서부터 훈련시켜 찬모로 쓰거나, 벼슬을 못 한 샌님의 아내를 찬모로 고용했지. 찬모를 만들기 위한 훈련과정은 매우 까다롭고 철저한데 그 과정은 다음과 같아. 먼저 채썰기·깍둑썰기 등 썸질을 익히게 하고, 너비아니 뜨기·생선다루기 등 칼질하는 훈련도 했어. 이와 같은 기본 훈련과정이 끝나면 본격적으로 반찬 만드는 법을 훈련시켜. 그 첫번째가 김치 담그는 훈련으로, 여기에서는 섞박지·나박김치·장김치·깍두기 등 여러 종류를 모두 익히게 해. 다음으로 토장국·맑은 장국·곰국·생선국 등 각종 국 끓이는 법과 된장찌개·젓국찌개·고추장찌개 등 찌개 끓이는 법도 익히게 해. 이어서 간장·초고추장·고춧가루 등 여러 가지 양념을 이용한 나물무침, 생선조림·장조림·장포육·장똑또기 등의 조림법, 김구이·너비아니구이·돼지고기구이 등의 구이법, 각종 볶음법

우리말 여성어휘와 그와 관련된 일화들

도 훈련시켜. 이 밖에 온면·냉면 등의 국수말이법을 익히게 하고, 고기찜·생선찜·갈비찜 등의 찜과 편육 만드는 법도 훈련시켜. 또한 정과·약식·다식 등의 한과와 각종 떡 만드는 법도 훈련받지. 이상 살핀 여러 음식을 만드는 법 외에도 찬모는 부엌의 책임자인 만큼 부엌위생·그릇정리 등에 관해서도 철저하게 알려줘. 한편 찬모의 책임 아래 차려진 밥상은, 찬모가 직접 들고 마루나 방문 앞까지만 가져다 놓으면 그 집의 며느리나 딸이 방으로 가지고 들어가. 따라서 찬모가 남정네와 마주칠 일은 거의 없는 셈이야. 남녀칠세부동석이니, 남녀유별이니 하는 조선왕조 사회에서 양반인 샌님의 아내가 대가(大家)의 찬모로 들어갈 수 있었던 것은 바로 이 때문이야. 만일, 대가(大家)에서 오랫동안 찬모로 일하다가 나오게 될 경우에는 다른 댁에 가서 다시 찬모로 살기도 하고, 굄새를 잘할 경우 이 집 저 집을 다니며 숙수(熟手 : 잔치 때의 음식 만드는 일을 업으로 삼는 사람, 또는 맡아서 일해 주는 사람)가 하는 일을 대신 해주기도 했어.

열녀
[열려]

남편을 위하여 정성을 기울여 살아가는 아내

유교에서 중요시한 덕목 가운데는 효(孝)와 열(烈)이 있는데 효는 자식이 부모를 잘 섬기는 것이며 열은 아내가 남편을 잘 섬기는 것이었어. 고대 사서(史書)에 보이는 열녀로는 도미(都彌)의 아내, 박제상의 아내, 평강공주 등이 있어. 고려 말까지는 남편이 죽고 수절한 여인은 무조건 열녀로서 국왕이 정표(旌表)하였는데 이는 그때까지만 해도 남편이 죽은 후 아내가 재혼하는 것은 일반화된 일이었기 때문이야. 하지만 조선시대에는 남편이 죽으면 재혼할 수 없도록 법제화해서 1485년(성종 16)에는 《경국대전》에 재가부녀(再嫁婦女)와 서얼의 자손은 벼슬길을 막는다는 조항을 넣었고 중종 때는 개가 자체를 범죄시했어. 이와 같은 불평등은 한쪽 배우자가 죽은 경우에도 마찬가지였어. 아내가 죽으면 남편은 1년 정도 상복을 입고 곧 재혼할 수 있었으나 아내는 남편이 죽으면 3년 동안 무덤을 지키고 평생 동안 상복을 입었어. 여성의 수

우리말 여성어휘와 그와 관련된 일화들

절을 미덕으로 삼는 풍조는 열녀라는 이름으로 여성의 희생과 고통을 강요하는 봉건적 발상이었지.

17세기 후반부터 반봉건적인 가치관이 대두하여 여성관도 변화하기 시작했어. 개가를 보다 긍정적으로 보는 견해가 생겨났어. 동학에서는 여성의 수절을 비판했어. 이러한 가치관의 변화는 갑오개혁 때 여성의 개가를 허용하는 조문을 포함시키는 결과를 가져왔어.

열녀문

[열려문]

조선 시대에 남편을 위해 절개를 지키거나 희생적인 삶을 산 여인을 기리고자 세운 기념문

 절개를 상징하는 붉은 문과 함께 비석(열녀비)을 세우기도 했어. 조선 시대에는 성리학을 중시해 특히 충과 효, 그리고 열을 강조했어. 열이란 곧 절개를 뜻하고, 절개란 믿음과 순결을 끝까지 지키려는 마음을 가리켜. 즉 신하는 임금에게 충성을 다해야 하고, 자식은 부모에게 효도해야 하며, 아내는 남편을 위해 믿음과 순결을 지켜야 한다는 거야. 특히 열의 의무는 결혼한 여성들에게는 필수적인 덕목이었다. 조선 전기에 완성된 최고의 법전인 《경국대전》은 한 번 결혼한 여성은 다시 결혼해서는 안 된다는 '과부의 재혼 금지'를 법으로 정해 놓았어. 어쩔 수 없는 사정으로 재혼을 한 경우에 그 자식은 양반의 신분을 가졌다고 하더라도 벼슬길에 나갈 수 없었어. 뿐만 아니라 남편이 죽으면 아내는 3년간 무덤을 지켜야 했고, 이후에는 평생 상복을 입고 지내도록 강요당했어. 심지어 죽은 남편을 위해 아내가 스스로 목숨을 끊는 경우도

우리말 여성어휘와 그와 관련된 일화들

있었대. 한 남편만을 위해 평생 정절을 지킨 아내들에게는 나라에서 상으로 열녀문을 세워 줬어. 이밖에도 조선 시대에는 이름 난 충신이나 효자를 기리기 위해 정려문을 세워줬어. 열녀문도 정려문의 하나라고 볼 수 있으며, 유교의 최고 덕목인 삼강오륜을 잘 지킨 행실이 바른 사람에게는 삼강문을 내리기도 했어. 고려 시대까지만 해도 남편을 잃은 아내가 다시 결혼하는 것은 죄가 아니었어. 유독 여성에게만 정조를 강요하던 차별적인 조선의 풍속은 근대 이후에는 흔들리기 시작했지. 동학 농민군도 조선 조정에 과부의 재혼을 허용하라고 요구했고, 갑오개혁이 시행되면서 공식적으로 허용됐어.

정려문
[동곧]

효자, 효부, 열녀, 충신을 기리기 위하여 지은 건물이나 문

 정려문(旌閭門)은 충신, 효자, 효부, 열녀 등을 기리기 위해 만들어진 정려기(旌閭記)를 게시한 문을 지칭해. 정여창 고택의 경우는 솟을대문의 홍살에 정려기를 걸었어. 정려문의 가장 보편적인 모습이야. 영광의 연암김씨 종택에서는 대문칸의 중앙칸 한 칸을 2층으로 올려 효자기를 건 독특한 효자각의 실례로 이로 인해 문 이름도 삼효문(三孝門)이라고 했어. 정려기를 대문에 걸면 정려문이라고 하고, 독립된 건물형태에 게시하면 정려각(旌閭閣)이 돼. 마을 어귀에 세워 많은 사람들의 귀감이 되도록 하는 경우는 정려각의 형태로 하고, 일각문을 설치하고 담장을 둘러 독립된 건물로 만들기도 해. 정려각은 규모가 작은 단 칸 건물에 맞배지붕으로 하고 공포는 익공정도로 간단하며 벽은 홍살을 세워 마감하는 경우가 많다. 정면만 홍살로 하고 나머지 삼면은 화방벽으로 하는 경우도 흔히 볼 수 있어.

[네이버 지식백과] 정려문 [旌閭門] (한국민족문화대백과, 한국학중앙연구원)

우리말 여성어휘와 그와 관련된 일화들

정려기가 효자 또는 효부에 관한 것일 경우는 효자문 또는 효자각이라고도 불러. 현재 문화재로 지정된 정려문은 없고, 정려각은 15건 정도가 있어. 정려각도 국가지정은 없으며 시도유형문화재, 문화재자료, 민속문화재 등이 대부분이다. 대구광역시 문화재자료 제29호로 지정돼 있는 현풍곽씨십이정려각(玄風郭氏十二旌閭閣)은 28인의 정려비를 모신 정려각인데, 정면이 12칸에 이르는 대형 정려비로 매우 드문 사례야. 효자각으로는 충청북도 문화재자료 제66호로 지정돼 있는 이시진효자각(李時振孝子閣) 과 경상북도 문화재자료 제180호 청송추현동박씨효자각(靑松楸峴洞朴氏孝子閣)이 있다. 건물 형식은 일반 정려각과 같아.

평교자
[동곤]

조선시대 종1품 이상 및 기로소(耆老所)의 당상관(堂上官)이 타던 가마야. 포장이나 덮개가 없는 가마로, 앞뒤로 두 사람씩 네 사람이 어깨에 메고 천천히 가도록 돼 있어.

평교자 [平轎子] (두산백과)

우리말 여성어휘와 그와 관련된 일화들

옥교
(옥교자) [玉轎 , 屋轎]

옥교 한국고전용어사전 나무로 집과 같이 꾸미고, 출입하는 문과 창을 달아 만든 가마야.

[유사어]옥교자(屋轎子).용례 일본 대내전이 사자를 보내어 예물을 바쳤는데, 옥교자 하나, 병풍 여섯, 약재·기명·능견 등의 물건이었어. ; 日本大內殿遣使 獻禮物 有屋轎子一 屛風六 藥材器皿綾絹等物 [태종실록 권제16, 2장 뒤쪽, 태종 8년 7월 6일(임자)]

가마를 탈 경우에는 남자들이 타던 평교자와 달리 지붕이 있고 사방이 막힌 옥교자를 사용해야 했어. 또한 여자는 남자와 대화를 할 때 얼굴을 마주해서는 안됐고, 여성들은 남자일 경우 3촌 이내의 친척만 방문할 수 있었어.

삼십사   (한국고전용어사전, 2001. 3. 30., 세종대왕기념사업회)
[천재학습백과 초등 사회 5-2. 조선 시대 여성들의 생활 모습]

주모

[酒母]

노변의 술집(주막, 일명 숫막)에서 술을 파는 여주인

 주모의 모습은 신윤복(申潤福)이나 김홍도(金弘道)의 풍속도에서 볼 수 있어. 머리는 땋아서 한 바퀴 돌려 틀어올리고 '팥닢댕기'라 하여 빨간색의 좁고 짧은 댕기를 나풀나풀 매고 있는 모습이지. 저고리는 겨드랑이 아래의 길이가 2~3㎝가 될까말까 하는 이른바 '동그레저고리', 치마는 기생들과 마찬가지로 '주릿대치마'를 입는 것이 특징이 있어.
 주릿대치마란 치마를 바로 여미고 그 오른쪽 자락을 앞쪽으로 돌려 가슴에 닿을 듯이 치켜올려 입고 허리띠를 매는 방법이야. 이렇게 치마를 입으면 자연히 속곳이 노출되기 마련이었는데, 이런 모습을 그녀들의 직업과 결부시켜 "기생은 일부러 비단 속곳을 자랑한다."느니, 육체과시라느니 해서 그녀들의 부도덕성으로 간주한 것이 일반인들의 시각이 있었지. 그러나 주모는 남성들의 사치노예 같은 기생들과는 달리 술장사를 목적으로 하는 직업의식에서 비단속곳 같은 사치는 할 수 없었어. 기생 은퇴를 하면 대개 50세 이후, 산전수전 다 겪은 폭넓은 인생경험을 살려, 주객들의 비위도 잘 맞추고 인정도 곧잘 베풀어 외상도 잘 줬대. 그래서 술꾼들이 주모라고 부르는 어감 속에는 친근감마저 들어 있기도 해. 한편, 기생 출신뿐만이 아니라 궁녀 가운데 세답방·소주방 나인 또는 그 아래 하역부(下役婦)인 무수리들이 죄를 입고 쫓겨나면 주막을 차려 주모가 되는 경우도 있었대. 대한제국 말 국권을 빼앗긴 뒤 일제에 의하여 강제적으로 궁녀의 수를 줄였을 때 퇴궁 당한 궁녀 중에서 주모가 된 여인도 있었어. 조선시대 국도 연변 각 역을 중심으로 한 떡점거리에서 주막은 객주집(여인숙 같은 것)과 아울러 빠질 수 없었던 장소였어. 더구나 시골장터의 주막은 규모가 작아서 주모도 걷어붙이고 일을 하느라 좋은 옷을 입을 수도 없었어. 하지만 서울 번화가의 주막은 성격이 달랐어. 주막은 규모가 클수록 술만 파는 것이 아니라, 주객을 상대로 밀매음을 하는 이른바 '은근짜'의 온상이 됐어. 이런 경우 주모는 대개 남의 소실이거나 후견인격인 건달패가 그 배후에 있었다. 사실 주모는 그 아래 부리는 술청여자들의 포주 구실도 겸하는 경우가 많았어.

우리말 여성어휘와 그와 관련된 일화들

안채
[동녀]

살림집에서 주로 여성들이 사용하는 중심 건물이야. 조선 후기 살림집에서 여성들의 중심건물을 안채, 남성들의 중심건물을 사랑채로 크게 대별하여 불렀어. 그러나 조선 전기에는 특별히 남녀 구분이 명확하지 않았으며 사랑채와 안채가 분화되어 있지 않았어. 조선 초 가사규제 내용에 따르면 '사랑(斜廊)'이라는 건물 명칭은 나타나지만 조선후기 남성 전용건물인 사랑채와는 개념이 다른 접객용도의 건물이었어. 또 여성전용 안채라는 명칭은 없으며 대신 '정침(正寢)'이라는 명칭이 있어. 이는 여성전용 건물이 아니며 부부가 함께 침전용도로 사용하는 중심건물이야.

안채는 조선후기 생활의 변화에 따라 새롭게 등장한 건물이라고 할 수 있어. 조선 초 살림집의 구성은 임진왜란을 계기로 달라져. 그 이유는 제사와 접객의 내용이 달라지기 때문이야. 조선전기 사대부가의 제사는 직계조상의 기제사를 중심으로 이루어져 있어. 또 제사가 남녀구분 없이 그들의 집에서 균등하게 모셔져 있어. 가묘의 건립 또한 국초부터 의무화 해서

(한국민족문화대백과, 한국학중앙연구원)

법으로 시행되었지만 잘 지켜지지 않았어. 이는 대지가 좁기 때문이기도 하지만 제사보다는 접객이 더 중요한 공간이었기 때문이야.

그러나 조선후기에는 임진왜란을 기점으로 접객보다는 조상을 받들고 혈연간의 모임과 결속을 다지는 것을 중요시 하게 됐어. 혈족간의 모임은 제사를 통해서 이루어졌고, 제사도 장자 위주이고 남자 형제 위주의 윤행을 통해 이루어졌기 때문에 남성들의 활동이 활발해졌어. 이로써 주택 내에서 가묘가 정착하는 배경이 됐어. 접객공간은 제사공간으로 바뀌게 됐지. 그리고 가족 내 공간과 가족 외 공간으로 분리돼 있던 두 공간이 모두 가족 내 공간으로 변화했어. 이전에 제사공간과 접객공간으로 사용하던 북루, 사랑(斜廊), 횡랑, 초당, 재당, 객청, 별당, 외헌 등이 필요에 의해 서로 결합하거나 변화하는 과정을 거쳐 18세기 이후 규모가 크고 격식 있는 사랑채로 나타나게 됐어.

즉 조선 초 가족 내 공간이 여성 중심의 안채로 바뀌었어. 여러 가지 성격이 결합된 복합적 성격의 사랑채가 탄생하게 되었던 거야. 안채는 조선후기 가족 내 공간이 여성 중심공간으로 바뀐 것으로 안채는 사랑채보다 안쪽에 위치하며 사랑채와 안채 사이에는 내행랑이나 중문간채 등에 의해 공간이 구분됐어. 안손님이 아니면 안채까지의 출입이 제한되었으며 일반적인 접객은 사랑채에서 이루어 졌어.

안채는 시어머니와 며느리가 기거하는 건물로 주로 침전 기능을 하는 것이지만 여성들의 일상생활과 가사일, 취미생활 등이 모두 안채에서 이루어졌어. 사랑채에 손님이 왔을 때에도 음식 장만은 안채에서 이루어지기 때문에 부엌과 부식을 보관하는 창고 등이 발달했어. 대개 평면은 가운데 대청을 중심으로 한쪽에 큰방을 두고 시어머니가 기거하며 반대편에 작은방을 두고 며느리가 기거해. 안방 앞에는 부엌이 달려있는 것이 보통이야. 곡물과 식료품을 보관하는 부식창고는 작은 경우 부엌 상부의 다락을 이용하기도 하지만 살림의 규모가 클 경우는 안채 좌우에 날개 채를 달아내 사용하거나 안채 앞에 내행랑을 두고 여기를 이용하기도 해. 'ㄷ'자나 'ㅁ'자형 안채는 대개 안채에 부속건물인 익랑이나 내행랑이 붙어서 만들어지는 경우가 대부분이야.

안채는 사랑채와 더불어 조선후기 가족과 제사중심으로 바뀐 한국의 살림집을 대표하는 건축유형으로 한옥의 구성과 배치를 특징짓는 매우 중요한 건축요소야.

우리말 여성어휘와 그와 관련된 일화들

사랑방
[동골]

사랑방은 가부장의 일상의 거처실이자 남성접객에 대한 접객공간

 사랑방은 가부장의 일상의 거처실이자 남성접객에 대한 접객공간으로 주택 외부와 가까운 곳에 위치하고 있어. 공간이 좁은데다 앉은키에서 사용하기 편리해서, 시각적으로 아담하게 정리된 선과 면의 형태로 구성돼 있어. 사랑방은 주인이 거처하는 방이면서 손님을 맞는 응접실 역할도 했는데, 주인은 양반이면서 글하는 선비이기 때문에 방안을 유교적 덕목(德目)에 걸맞게 꾸미기도 해.

사랑방 (문화콘텐츠닷컴 (문화원형 용어사전), 2012.)

길쌈
[동곤]

**부녀자들이 가정에서 베·모시·명주·무명의
직물을 짜는 모든 과정을 일컫는 의생활용어**

 길쌈은 베길쌈·모시길쌈·명주길쌈·무명길쌈으로 나누어 부르기도 하지. 이 가운데 베는 직물의 일반적 명칭으로 쓰이기도 해서 삼베·모시베·명주베·무명베라고도 해. 베·모시·명주의 길쌈은 삼한시대 이전부터 있었던 것으로 추정되고, 무명길쌈은 고려 말부터 시작된 것으로 알려져 있다. 길쌈은 함경도 일부지역을 제외하고는 거의 전국적으로 행해졌어.

 여기에서 만들어진 직물은 농가의 주요 소득원이 되었고 화폐의 대용으로 쓰이기도 했어. 직물이 화폐로 쓰인 역사는 매우 오래 돼서, 고구려·신라·고려시대에도 화폐로 썼다는 기록이 있어. ≪주서 周書≫에는 고구려에서 견포(絹布)로 세금을 부과한 기록이 있으며, ≪고려사≫에도 포백(布帛)을 화폐로 삼은 기록이 여러 번 있었어. 조선시대에도 포(布)가 화폐로 쓰였다. 이와 같이 우리나라의 길쌈은 의류의 자급자족뿐 아니라 경제적 유통을 위한 광범위한 구실을 담당했지.

(한국민족문화대백과, 한국학중앙연구원)

우리말 여성어휘와 그와 관련된 일화들

길쌈의 역사

단군은 일찍이 의복·음식·거처의 제도를 가르쳤으며, 여인들에게 누에를 쳐서 길쌈을 하고, 할 수 있는 온갖 수공을 아끼지 말 것을 분부하였다고 해. 또한, ≪한서 漢書≫에는 기자가 백성에게 전잠직조(田蠶織造), 곧 길쌈을 가르쳤다는 기록이 있어. 이것으로 미루어보아 길쌈은 개국초부터 이루어졌고, 기자조선에 이르러서는 누에를 치고 비단을 짜는 일이 국책으로 장려되었음을 추측하게 해.

 그러나 단군조선과 기자조선에 관한 문헌에는 그 사실의 진위 여부가 연구 과제로 남아 있어. 길쌈과 관계있는 유물로는 서기전 6천~5천 년에 형성된 것으로 추측되는 강원도 오산리의 신석기유적을 들 수 있어. 이 밖에 서기전 4천~3천여 년경의 궁산패총에서 출토된 방추차나 지탑리·서포항·토성리·흔암리 등의 유적에서 출토된 방차 등이 있다. 이들은 모두 오래 전부터 길쌈을 해왔음을 입증하는 자료이기도 해. 특히, 궁산패총에서는 골침(骨針)에 감겨 있는 마사(麻絲)가 출토되어 일찍이 마사의 제조가 이루어졌음을 알게 해. 문헌기록에 의하면 예·마한·변한·진한 지역이 길쌈이 이루어졌던 곳임을 알 수 있어. ≪한서≫에는 낙랑군 25현 중에 잠대현(蠶臺縣)이라는 지역이 기록돼 있어.

여기서 대(臺)란 기른다는 뜻이야. 이 지역이 일찍부터 누에를 친 지역임을 추측하게 해. ≪삼국지≫에 의하면 예에는 마포(麻布)가 있었고, 뽕을 가꾸고 누에를 쳐서 옷감을 만들었다고 하며, 변진조(弁辰條)에도 뽕을 가꾸고 누에를 쳐서 겹포를 만들었다는 기록이 있어. ≪후한서 後漢書≫에 의하면 마한도 누에치는 법을 알았으며, 면포를 만들었다고 해. ≪삼국사기≫에 의하면 신라의 시조 박혁거세는 왕비와 함께 육부를 돌아다니며 농잠을 권장했다고 해. 또, 유리왕 때에는 거국적으로 여자들이 편을 지어 길쌈내기를 했다는 기록이 있어. 삼국시대에도 길쌈이 성행했으며, 나라에서도 적극 장려했음을 알 수 있어. 이러한 우리의 길쌈기술은 야요이시대(彌生時代) 이전의 일본에 전파되어 그들의 길쌈 발전에 공헌했음이 ≪일본서기 日本書紀≫·≪고사기 古事記≫ 등의 문헌에 나타나고 있어. 통일신라시대에는 길쌈이 더욱 발달돼서 대량의 각종 직물이 특산물로 당나라에 보내졌어. 고려시대에는 태조가 즉위부터 농상을 중히 다루었음이 ≪고려사≫에 나타나고 있어. 길쌈 또한 국정의 차원에서 장려되어 대마와 저마, 및 목화를 가꾸고, 누에를 치고 양을 기르는 등, 각종 섬유가 국내에서 생산되어 다양한 종류의 직물이 제조되었어. 특히, 대마와 저마로 섬세한 옷감을 짜는 것이 특징이었어. 섬세한 옷감을 짜는 것은 ≪삼국지≫의 변진전에서부터 나타나고 있고, 그 역사가 오래되었음을 알 수 있어. 조선시대에 이르러서도 길쌈이 장려되었는데, 특히 양잠을 하여 비단을 짜는 것은 국가적 차원에서 장려됐어.

우리말 여성어휘와 그와 관련된 일화들

그래서 궁중에서는 왕비가 친히 누에를 치고 잠신(蠶神)에게 제사를 지내는 친잠례가 행해졌는데, 잠실이라 하여 누에를 키우고 종자를 나누어주던 곳도 있었어. 현재 서울의 잠실동·잠원동 등의 지명도 여기서 비롯된 것으로 보여.

조선시대 규방가사 중 <여자탄식가>에는 "모시낫키·삼비낫키·명주짜기·무명짜기, 다담이러 뵈올보니, 직임방적 괴롭더라."는 구절이 있어 조선시대의 여인들이 모시·베·명주·무명의 길쌈에 힘겨워했음을 짐작할 수 있어.
《사소절 士小節》에도 실을 뽑고 솜을 타며 옷을 다리고 비단을 마전하는 일은 몸종이 있어도 부녀자가 손수 익혀야 한다고 했지. 또한, 부녀자로서 길쌈과 음식 만들 줄을 모르면 마치 장부로서 시서(詩書)와 육례(六禮)를 알지 못하는 것과 같다고 기록하고 있어.

1967년의 조사에 의하면, 80세 이상의 연로자들 가운데 대부분이 길쌈에 경험이 있음이 나타나고 있어서, 조선시대 말기까지도 길쌈이 많이 행해졌음을 알 수 있어. 그 뒤 개화와 더불어 중국·영국·일본의 직물이 수입되어 의류소비의 형태가 서서히 바뀌기 시작해서 이제는 길쌈하는 지역이 거의 사라지게 됐어. 그러나 안동·한산·금성·나주 등에서는 지금까지도 전통적인 길쌈방식이 이어지고 있다. 이들 지역의 제직방법은 무형문화재로 지정되어 그 과정이 전수되고 있어.

길쌈놀이

[织布游戏]

 부녀자들이 음력 7월부터 8월 추석(秋夕)에 이르는 동안 공동으로 길쌈을 하면서 혹은 길쌈을 끝낸 다음에 옛날이야기와 담소나 가무를 즐기거나 또는 편을 갈라서 경쟁하고 승부를 가리며 놀았던 풍습이야. 두레삼, 길쌈두레, 공동적마(共同績麻), 들게라고도 불렀어.

 길쌈을 공동으로 하는 전통은 매우 오래됐어. 『삼국사기(三國史記)』 권1「신라본기(新羅本紀)」1 유리이사금(儒理尼師今) 9월조에는 당시의 길쌈놀이에 대해 다음과 같이 기록하고 있어.

"왕은 육부(六部)를 정한 후, 이를 두 부분으로 나누고, 왕녀 두 사람으로 하여금 각각 부내(部內)의 여자를 거느리어 편을 짜고 패를 나누어 추칠월(秋七月) 16일부터 날마다 일찍이 큰 부(部)의 마당에 모여 길쌈을 시작해 을야(乙夜: 밤 10시

우리말 여성어휘와 그와 관련된 일화들

경)에 끝내게 하고, 8월 15일에 이르러 그 공의 다소를 심사하여 지는 편은 주식(酒食)을 장만해 이긴 편에게 사례한다. 이어서 가무(歌舞)와 백희(百戱)가 벌어졌으니 이를 가배(嘉俳)라고 한다. 이때 진 편의 한 여자가 일어나 춤추며 탄식하기를 회소회소(會蘇會蘇)라 해서 그 음조가 슬프고 아름답거늘 후인(後人)이 그 소리로 인하여 노래를 지어 이름을 회소곡(會蘇曲)이라 했다."

이미 1세기 초에 신라에서는 가배 곧, 추석(秋夕) 한가위에 길쌈놀이를 했던 거야. 이때 불려진 회소곡도 길쌈과 관련된 민요일 가능성이 있어. 그런데 16세기 초반에 간행된 『신증동국여지승람(新增東國輿地勝覽)』 권21 경주부 풍속조(慶州部風俗條)에는 『삼국사기』의 '가배'를 그대로 인용하면서 마지막에 '국속지금행지(國俗至今行之)'라 해서, 추석의 길쌈놀이가 국속(國俗)으로서 당대에도 여전히 지속되고 있었음을 기록하고 있어. 그리고 홍석모(洪錫謨)는 이 기사를 19세기 『동국세시기(東國歲時記)』 추석조(秋夕條)에서 동일하게 재인용했어. 20세기 초엽에 민속학자 송석하(宋錫夏)는 경북 경주(慶州)와 그 인근 지역에서도 두레길쌈이라는 적마(績麻) 작업 제도가 전승된다고 해.

옛문헌 자료가 달리 더 없어서 추석 길쌈놀이의 지속과 변화를 자세히 밝히기는 어렵다. 물론 신라와 그 이후의 두레길쌈에는 차이가 있고 그 성격도 달라. 그러나 이미 1세기에 신라에서는 두레삼을 두 편으로 나누어 서로 경쟁했어. 이때 온갖 가무와 백희가 뒤따른 길쌈놀이가 흥겹게 행해졌음은 분명히 알 수 있어. 그리고 그러한 길쌈놀이의 전통은 16세기를 거쳐 20세기 중반에 이르러서도 많은 지역에서 여전히 전승되고 있었어. 다만 각 시대의 변화에 따라서 길쌈놀이의 세부 모습과 성격이 어떻게 달라졌는지는 분명하지 않아.

길쌈이란 각종 섬유 재료에서 실을 뽑고 이를 가공하여 삼베, 모시, 명주, 무명 같은 피륙을 짜는 일련의 수공업 작업을 일컫는데, 그 과정은 매우 복잡해서 지방에 따라 또는 옷감의 종류에 따라 직조(織造)의 시기와 규모가 달라. 그러나 길쌈을 하는 과정에서 집단으로 모여 놀이를 하는 점은 공통적이야. 특히 충청도, 전라도, 경상도의 삼남지방에서는 대개 음력 7월부터 8월 추석에 걸쳐 온 마을의 부녀자들이 두레와 같은 공동체를 조직하고 길쌈을 했어.

길쌈을 해야 하는 마을 부녀자들은 길쌈두레를 조직해서 매일 저녁 길쌈두레에 가입한 부녀자들의 집을 차례로 돌면서 공동으로 길쌈을 해줘. 이렇게 번갈아서 둘레둘레 돌아가면서 삼을 삼아준다고 해서 '두레삼[공동 또는 협동마적(協同麻績)]' 또는 '두루삼'이라고 해.

우리말 여성어휘와 그와 관련된 일화들

만일 길쌈두레로 길쌈을 하지 않고, 개인이 혼자서 하면 힘이 들기도 하겠지만 시일이 오래 걸려서 매우 비효율적인 노동이 돼. 그러나 두레삼으로 길쌈을 하면 짧은 시간에 많은 작업량을 효율적으로 해낼 수 있어.

지역에 따라 차이는 있지만, 대체로 수십 명으로 구성된 길쌈두레가 공동작업을 할 때에는 자연스럽게 옛날이야기도 하고 담소도 즐기며 노래도 불러가면서 지루하고 고된 반복적인 노동에 활력과 재미를 불어넣었어. 전남지방에서는 다른 들게(길쌈두레)들 사이에 부부놀이, 귀신놀이, 전짓다리훔치기도 하며 놀았다. 경우에 따라서는 편을 갈라서 서로 경쟁을 하면서 길쌈을 하기도 했어.

길쌈을 공동으로 하는 기간에는 항상 흥겹게 놀지만, 이를 전부 끝내고 결산을 한 다음에는 더 크게 놀았어. 특히 8월 15일 밤에는 그동안의 노고를 털어버리기 위해서 많은 음식을 장만하고 담소와 가무로써 한껏 즐겼어. 이때 편을 두 패로 나누고 경쟁을 하여 승패를 가리고, 진 편이 이긴 편에 음식을 장만하여 대접하기도 했어.

기생

[기생]

조선시대 관청에서 기생을 둔 목적은 주로 여악(女樂)과 의침(醫針)에 있었어. 따라서 관기는 의녀(醫女)로서도 행세해서 약방기생, 또는 상방(尙房)에서 침선(針線:바느질)도 담당해서 상방기생이란 이름까지 생겼지. 하지만 주로 연회나 행사 때 노래·춤을 맡아 했고, 거문고·가야금 등의 악기도 능숙하게 다뤘어. 기생제도는 조선시대에 발전해서 자리를 굳히게 되었기 때문에 기생이라 하면 일반적으로는 조선시대의 기생을 지칭하게 됐어. 사회계급으로는 천민에 속하지만 시와 글에 능한 교양인으로서 대접받는 등 특이한 존재였어. 다만 매춘 행위를 하는 기생의 경우는 기생 중에서도 가장 등급이 낮은 삼등기생으로 취급받았어.

대하소설에서 기생은 미모가 뛰어난 여성으로 표현되나 작품마다 여러 가지 변형된 모습으로 나타나. 창기로서의 기생은

(문화콘텐츠닷컴 (문화원형백과 조선시대 대하소설), 2002., 한국콘텐츠진흥원)

우리말 여성어휘와 그와 관련된 일화들

춤과 노래 미모에 모두 뛰어나 당대에 이름이 높으며 군자를 흠모해. 흠모하는 군자를 만나기 위해 기생은 정절을 지키기도 하는데, 어떤 경우에는 자신이 직접 군자를 찾기 위해 스스로 기생이 되기도 했대. 이러한 기생은 명기로서 남자들 못지않은 학문을 가지고 있는 것으로 묘사돼.

부창부수
[부창·부수]

뜻이 잘 맞거나 행동이 일치하는 부부

남편이 노래하면 아내가 따라 하는 거야. 남편이 어떤 일을 하고 나서면 아내는 그 일을 도와가며 서로 협동하고 화합하는 부부를 가리키는 말이지. 뜻이 잘 맞거나 행동이 일치하는 부부를 가리키기도 해.

부창부수 [夫唱婦隨] - (남편 부, 노래 창, 아내 부, 따를 수) (고사성어랑 일촌 맺기, 2010. 오십일 9. 15., 기획집단 MOIM, 신동민)

우리말 여성어휘와 그와 관련된 일화들

소실
[소실]

본처 외에 데리고 사는 여자

개역개정에서 추가된 단어야. 본처 외에 데리고 사는 여자를 뜻해. 일부다처(一夫多妻) 사회에서 합법적으로 결혼 관계에 있는 부인이지만 정실 아내의 권리를 모두 누릴 수는 없는 아내야(창 25:6; 삿 8:41; 삼하 3:7; 5:13). 구약 관습법에는 소실(첩)을 두는 것이 허용되었는데, 이스라엘 사람인 경우(출 21:1-10)와 이방인인 경우(신 21:10-14)로 나누고 있어. 아브라함(창 25:6), 야곱(창 35:22), 기드온(삿 8:31), 다윗(삼하 5:13), 솔로몬(왕상 11:3), 르호보암(대하 11:21) 등이 소실을 두었다. 개역한글판의 '첩'(妾, 대상 1:32; 2:46; 3:9; 7:14).

(라이프성경사전, 2006. 8. 15., 가스펠서브)

씨받이
[씨바지]

자녀를 낳기 위해 조건부로 데려와 동거하는 여자

혼인한 부부의 아내가 자녀를 출산하지 못하고 앞으로도 출산할 가능성이 없는 경우, 자녀를 낳기 위해 조건부로 데려와 동거하는 여자라고 불렀어. 씨받이는 정실부인이 아이를 갖지 못했을 경우 사용한 편법이었지. 그래서 반드시 정실부인의 양해나 합의를 구해야 했어. 남편과 시댁은 부인의 동의를 얻은 뒤 정실부인을 대신해서 자식을 낳아줄 여인을 구했어. 씨받이가 아이를 낳으면 아이가 젖먹일 때에 적당한 시기를 골라 돈을 주어 돌려보내. 이때 다른 사람에게는 정실부인이 낳은 것처럼 위장하곤 했어. 씨받이 여인을 선정하는 조건 중 가장 중요한 것은 아이 낳는 것이 목적이기 때문에 선천적으로 아이를 잘 낳을 수 있는 사람이어야 했어. 씨받이로 들어오는 여자는 대개 천한 신분이거나 가난한 과부, 아들을 낳을 수 있는 관상과 신체를 갖추었거나 많은 남자아이를 낳은 여지들이었어. 씨받이 중에서도 신체조건에 따라 값이 달랐대.

(두산백과)

우리말 여성어휘와 그와 관련된 일화들

성교시에 피부가 보랏빛을 띠고, 입술이 진홍색에서 자주색으로 변하면서 입술이 굳어지는 여인은 곱절의 보수를 받기도 했지. 씨받이가 선정되면 월경에 알맞은 날과 합방길일의 오행이 잘맞는 날을 택했어. 월경에 알맞은 날은 월경이 그치는 날부터 28~29시가 지난 날이었지. 이밖에도 흰 면포로 월경피를 받아 그 색이 금빛일 때 잉태의 적기라 생각했고, 반면 선홍빛일 경우에는 '미정(未精)', 청담빛일 경우에는 '태과(太過)'라 하여 피했다고 해. 씨받는 날이 정해진 뒤 여인은 소복재계하고 삼신에게 빈 다음 신방에 들어. 이때 본부인의 정성이 중요하다고 여겨 합방의 장지문 밖에 지켜 앉아 기도하거나 무당이 경을 읽기도 했대. 그런데 만약 씨받이가 딸을 낳았을 경우에는 대개 논밭 서너 마지기 또는 몇 섬의 곡식을 주어 씨받이 어머니에게 양육을 맡기기도 했대. 씨받이를 들이는 경우는 대부분 아들을 갖기 위해서 그렇게 한 거지. 씨받이의 직업도 무당처럼 모계 상속하여 그 딸이 자라면 씨받이 새색시가 되는 경우가 많았어.

삼종지도
[삼종지도]

**근대 이전 유교 문화권에서 통용되던 여성의
지위와 역할을 명시한 도덕규범**

 유교용어로. 삼종지덕이라고도 해. 삼종(三從)이란 "결혼하기 전에는 아버지를, 결혼해서는 남편을, 남편이 죽으면 자식을 따라야 한다"는 것으로 『예기(禮記)』「교특생(郊特牲)」과 『의례(儀禮)』「상복전(喪服傳)」 등의 유교 경전에 나와. 중국 전한(前漢) 시기에 완성된 이 예서(禮書) 들은 2천년 이상의 역사를 통해 동아시아 유교 문화권 사람들의 행위를 지시해왔지.

 여자의 평생을 가족인 남성에게 종속되도록 규정한 것은 여자에게는 스스로 생각하고 실천할 능력이 없다고 여겼기 때문이야. 여자가 태어나면 아버지의 소속인으로 합법화되고, 결혼하면 남편의 소속인으로 합법화되어 자신의 '보호자'에게 일정한 의무와 정신적 성실성을 바쳐야 했어. 즉 아버지에 대해서는 효와 공경의 의무를, 남편에 대해서는 정절과 신의의

(한국민족문화대백과, 한국학중앙연구원)

우리말 여성어휘와 그와 관련된 일화들

의무를 갖도록 하는 거야. 조선시대 사람들은 "남자는 여자를 끌어주고 여자는 남자를 따라가는" 여필종부(女必從夫)가 남녀 또는 부부의 이상적인 모습이 된다고 생각했어.

예제(禮制)를 통해 '남을 따르는 자'의 역할이 부여된 여성은 이에 부합하는 본성과 도덕을 요구받았거든. 즉 여자는 순종의 본성을 가진 자로 자신을 고집하거나 주장하지 않으며, 그런 본성에 충실한 것을 미덕으로 여겨야 한다는 의견이었지. 반면에 주장과 고집이 강한 여자는 나라와 가문을 망치게 된다며 각종 교훈서를 통해 지속적으로 유포하기도 했어.

긴 역사를 통해 '종인자(從人者)'의 도리를 몸으로 익힌 여성들은 평소 혹은 자기 결정을 요구하는 위급한 상황에서 '삼종지도'로서 자신을 설명하고 합리화하기도 했어. 『열녀전(列女傳)』의 「노지모사(魯之母師)」편에는 남편 없이 자식들과 사는 한 어머니를 소개하는데, 친정 나들이를 계획하면서 그 아들들에게 허락을 받아야 했나봐. 어머니의 논리는 바로 "여자에게는 삼종(三從)의 도가 있어 무슨 일이든 독단으로 생각하여 처리해서는 안 된다"는 것이다. 또 『삼강행실도』의 「열녀도(烈女圖)」에 소개된 대부분의 여성들과 조선왕조실록에 무수히 등장하는 죽은 남편을 따라 죽은 대부분의 열녀들은 자신의 행위를 삼종지도(三從之道)로 합리화했지.

삼종지도로 표출된 여성의 존재 방식과 그 실천의 방법들은 역사 속에서 지속적으로 개발되었거든. 예컨대 『경국대전』의 '개가녀 자손 금고법(改嫁女子孫禁錮法)'은 삼종지도에서 파생되어 나온 것으로, 개가한 여자의 자손을 벼슬에서 배제하겠다는 것이었지. 곧 개가(改嫁)는 '따라야 할 남편'을 배신한 것으로 삼종의 규범을 어긴 것으로 해석된 거야. 또 조선 후기 사회의 실상을 보여주는 『심리록(審理錄)』에는 남편에게 불리한 증언을 한 아내에게 삼종지도에 어긋난 행위라며 벌을 내려. 즉 "삼종지도에 따라 남편에게 의탁해야 하는 도리가 있어 살아서는 한집에서 같이 살고, 죽어서는 같은 무덤에 묻히는 것이니 부부된 의리가 소중하지 아니한가?"라고 적혀 있어. 죄를 지은 남편보다는 남편을 배신한 아내의 죄가 더 크다는 것이랄까.

남성 가족에 대해 여자의 절대적인 복종을 주장한 삼종지도는 가부장적인 전제 권력을 지지하는 질서 개념과 연동돼 있어. 즉 군주에 대한 신하의 절대 복종은 아버지에 대한 아들의 복종과 남편에 대한 아내의 복종을 담보로 하지. "아내에게 남편이란 그 은혜와 의리의 소중함이 자식에게 부모, 신하에게 군주와 같은 것"이라고 해. 아내로서, 아들로서 평소에 길러진 복종의 태도는 군주의 신민(臣民) 지배를 수월하게 하는 것이기도 해. 그런 점에서 삼종지도는 여성을 가족 내 남성의 지배하에 두지만 그 효과는 가부장제적 질서 유지를 돕는 것으로 나타나는 거야.

우리말 여성어휘와 그와 관련된 일화들

과부재가금지법
[과부재까금지뻡]

조선시대 사족 과부(士族寡婦)의 재혼을 금지한 법

1477년(성종 8) 7월부터 실시되었고, 고려시대까지는 계급을 막론하고 과부의 재혼이 자유로웠으며 죄악시하지 않았어. 그러나 공양왕 때부터 산기(散騎) 이상인 자의 처로서 봉작 받은 과부의 재혼을 금지 시켰어. 또한, 6품 이상의 처는 남편이 죽은 뒤 3년 안에 재혼하는 것을 금하고, 수절하면 정려와 포상을 해서 과부의 수절을 장려하기 시작했어.

조선시대 성리학을 국풍으로 숭상하고 이를 강력히 실천하려는 추세에 따라 여자의 삼종(三從)의 도(道)가 강조되기도 했지. 이로써 재가가 윤리적으로 비난되어 짐승과 다름없다고까지 하기에 이르렀어.

≪경제육전≫에 이미 양반 부녀가 부모형제·백숙부모·조카 등을 제외한 친척을 방문하거나 절에 가는 것을 실행(失行)으

(한국민족문화대백과, 한국학중앙연구원)

로 규정짓기 시작했어.

1404년(태종 4)부터는 재가나 삼가한 과부를 실행한 여자와 마찬가지로 녹안(錄案)하게 되었거든. 1436년(세종 18)부터는 재가·삼가녀의 자손은 사헌부·사간원·육조의 관원으로 등용하지 않는 금고법(禁錮法)이 논의되기 시작했고, 특히 삼가가 문제가 되기도 했어.

드디어 1477년 7월 과부재가의 법적 규제에 관해 많은 논란을 거친 끝에 재가한 사족 부녀의 자손은 관리로서 등용하지 않는다는 금고법을 입법, 시행하게 돼.이는 ≪경국대전≫ 이전(吏典) 경관직조(京官職條)에 규정되었고, 형전 금제조(禁制條)에는 녹안하는 규정을 두었지.

이 법은 재가의 효력을 부정하거나 형사 처벌하는 직접적인 개가 금지는 아니었어. 즉, 금고법과 녹안에 의한 간접 금지였으나 직접 금지의 효과가 있었어. 그런데 실제 당시까지만 해도 명문의 족보에는 재가나 삼가한 딸과 남편의 이름은 물론 그 자손도 등재되고 있지.

처음에는 일련의 입법 조치가 즉시 실효를 거두지는 못했던 거야. 그러나 시대를 내려오면서 양반계급에서는 재가하지 않는 것이 확고한 법으로서, 또 윤리로서 지켜진 거야.

법률상 재가의 자유가 선언된 것은 1894년(고종 31) 6월 28

일의 이른바 갑오개혁법에 의해서였어. 이것은 혁명적인 선언이기는 했지만 실제로는 재가하지 않았어. 이러한 의식과 윤리는 1950년대까지도 깊이 뿌리박혀 있었지.

과부재가금지법은 서자차별법·관습과 더불어 우리나라의 전통적인 가족제도를 규정짓는 하나의 특색이었다고 할 수 있어.

보쌈
[보쌈]

**처녀 액땜을 위해서 밤에 외간남자를 보(褓)에
싸서 잡아다가 강제로 동침시키던 풍습**

과부업어가기라고도 하지. 남편을 둘 이상 섬겨야 할 팔자(?)의 딸을 위해 조선시대 양반집에서 행하던 것으로서, 잡혀온 남자는 함구령이 내려진 채 방면되거나 때로는 죽음도 당하기도 했어. 보쌈은 이처럼 대체로 처녀를 위한 것을 말하지만 조선시대 하류층의 수절과부가 노총각이나 홀아비를 같은 방식으로 납치하여오는 일도 보쌈이라고 했지.

처녀를 위한 보쌈은 불경이부(不更二夫)라는 과부의 재가금지제도에서 나온 일종의 약탈혼과 같은 것이었어. 보쌈한 총각과 동침하면 그 처녀는 과부가 된 것과 같은 결과가 되어 과부의 액운을 면하였다고 믿으며, 따라서 다른 곳으로 안심하고 시집갈 수 있기 때문이야.

(한국민족문화대백과, 한국학중앙연구원)

우리말 여성어휘와 그와 관련된 일화들

남정네들이 과부를 보에 싸서 데려와 혼인하는 풍습도 있는데, 이것도 일종의 약탈혼으로 과부 보쌈 혹은 과부 업어가기라고 했어. 과부보쌈에는 과부 본인이나 과부의 부모들과 내약 끝에 보쌈해가는 방식이 있는가 하면 합의 없이 보쌈해서 약탈해가는 방식도 있어. 전자의 경우는 은밀히 과부와 정을 통해오다가 혼인을 하기 위해 보쌈의 형식을 빌려 주변의 이목을 속이면서 목적을 달성하는 거야.

후자의 경우와 같이 강제로 보쌈할 때는 사전에 과부의 거처를 탐지해두었다가 밤중에 침입해서 보쌈한 뒤 억지로 정을 통하여 배우자로 삼았어. 이럴 때 가끔 가족과 난투극이 벌어지기도 했어. 이 밖에 소박맞은 여자는 친정에 돌아갈 수도 없는 처지가 되었을 때 이른 새벽에 성황당에서 기다리다가 보쌈해가기를 기다리는 경우도 있었어.

이 경우 소박맞은 여자는 남편이나 자기 자신의 저고리 옷섶을 세모꼴로 찢은 '나비'를 지니고, 등에는 이불보를 진 채 성황당에서 서성거려. 이 여자를 최초로 만난 남자는 지위고하를 막론하고 데리고 살아야 하는 관습적인 의무가 생기기도 했어.

여자는 성황당에서 서성거리다가 남정네를 만나면 '나비'를 내보여. 그러면 남정네는 여자의 등에 진 이불보로 보쌈해서 집으로 데리고 와. 이러한 보쌈풍습은 여자가 귀했던 함경도

지방에서 행해졌다고 해.

과부보쌈이나 과부들의 남성보쌈은 유교적 영향으로 불경이부라는 유교적 질서가 고착되면서 여성의 경우 비록 남편을 사별하였다고 해도 재혼하지 말고 수절할 것을 강요당한 결과 파생된 풍습이야. 과부의 재혼을 금지한 제도는 대체로 고려 말에 등장했어. 조선시대에 와서는 더욱 강력하게 시행된 거야, 조선 중기에 이르러서는 민간에까지 깊이 뿌리내렸어.

고려 말에는 자녀안(恣女案)이라 해서 양반의 여자로서 부정한 행위를 하거나 세 번 이상 개가한 여성의 소행을 기록하여 그 자손의 관직등용을 제약했어. 조선시대 성종 때에는 ≪경국대전≫에 재가하는 부인의 자손은 과거에 응시하지 못한다는 조문을 제시해서 과부의 공식적인 재혼을 금지했어. 이러한 제도는 1895년 갑오경장에 의해 부녀의 재혼이 허용된 이후까지 지속됐어.

보쌈이 과부의 재혼금지제도 속에서도 비공식적으로 행해진 이유는 노총각이 죽어서 몽달귀신이 되거나, 과부가 죽어 원귀가 되면 가뭄이 자주 들게 된다는 믿음이나, 노총각이 많으면 민심이 흉흉해진다고 해서 어느 정도까지는 관에서 묵인하였기 때문이야. 그러나 보쌈이 행해졌다고 해서 재혼금지의 제도가 실행되지 않은 것은 아니야.

정조관념 및 과부의 수절을 강조한 전통사회의 문화적 풍토

우리말 여성어휘와 그와 관련된 일화들

속에서 음성적으로 행해졌다는 점에 주목할 필요가 있어. 그렇기 때문에 여러 가지 부작용도 많아서 혹시 수절을 결심한 열녀가 이러한 일을 당하면 자살 및 살인의 비극도 적지 않았지.

칠거지악

[칠거지악]

아내를 내쫓는 이유가 되는 일곱 가지 사항

조선시대 유교사상에서 나온 제도야. 칠출(七出) 또는 칠거라고도 해. 칠출삼불거(七出三不去)는 중국의 고대로부터 발전한 유교적인 예교(禮敎)로서, 고려 말 이후 왕성해진 유교적 사회제도의 보급에 따라 조선시대 이혼제도의 근간을 이루게 되었어.

조선왕조 초기에 법제로서 통용한 『대명률(大明律)』에 의하면,
"무릇 처를 내보내거나 의절(義絶: 법적으로 규정된 강제적 이혼)할 상황이 없는데도 이혼한 자는 장(杖) 80의 형에 처하고, 처가 칠출의 죄를 범하였으나 삼불거에 해당하는 사항이 있는 자와 이혼한 자는 죄 2등을 감하고 다시 살게 해. 만일, 의절에 상당하는 자와 이별하지 않은 자도 장 80의 형에 처하고, 부부가 화합하여 쌍방이 이혼을 원하는 자는 처벌하지 않

우리말 여성어휘와 그와 관련된 일화들

는다."라고 했어.
칠출이라 함은

① 시부모를 잘 섬기지 못하는 것
② 아들을 낳지 못하는 것
③ 부정한 행위
④ 질투
⑤ 나병·간질 등의 유전병
⑥ 말이 많은 것
⑦ 훔치는 것

그중에서 ③, ⑦은 누구에게나 사회일반의 법적 범죄행위로서 인정되는 것이며, ①~⑥은 봉건적 가족제도의 필연적 요구에서 나온 것이라고 할 수 있어.

즉, 시부모를 잘 섬기지 못함은 불효의 표현이고, 아들이 없음은 가계계승의 목적을 달성하지 못하는 일이며, 부정한 행위는 혈통의 순수성을 지키지 못하는 일이고, 질투는 축첩제의 유지에 방해원인이 되며, 악질은 자손의 번영에 해로운 것이며, 말이 많은 것은 가족공동생활의 불화와 이간의 원인이 되기 때문이야.

이와 같이 이혼이 칠출이라는 조건하에 허용된 것은, 아내는 단순히 남편 개인의 처로 맞이한 것이 아니라 조상의 뒤를 이을 가문 자체가 맞이하였다는 관념이 있기 때문이야. 가문의 계승자로서의 아들을 생산하는 주요한 목적을 다하는 이외에 가장을 비롯해 온 가족과의 융합이 큰 의무로서 부과돼 있었어.

시부모에게 순종하지 않고 시집의 자녀와 화목하지 않으면 비록 선량하더라도 시집에 적합하다고 할 수 없었어. 즉, 아내는 남편에게 봉사하기보다는 시집에 봉사하는 일이 더 중요하다는 유교사상에서 나온 제도였지. 그러나 칠거지악에 해당하더라도 삼불거라 해서 이혼을 금지하는 세 가지 법정 사유가 있었어. 삼불거에 해당하는 자에 대한 이혼을 금지한 사례는 조선왕조실록에 적지 않게 나타나.

조선 말기에 제정된 조선조 최후의 법전인 『형법대전』에는 칠출 중에서 무자와 질투의 두 가지 사유는 이혼의 조건 중에서 삭제하여 오거(五去)로 하고, 삼불거 중에서도 자녀가 있는 경우에는 이혼을 금지하기 위해 그 항목을 첨가하여 사불거로 했어. 이 오출사불거(五出四不去)의 규정은 1908년에 『형법대전』의 개정으로 폐지됐어.

우리말 여성어휘와 그와 관련된 일화들

쪽머리
[동곤]

삼국시대부터 내려온 출가한 여자의 머리 모양

쪽찐머리 ·낭자라고도 해. 혼인 전에는 머리를 길게 길러 양쪽 귀밑머리를 땋고 다시 한 묶음으로 땋다가, 혼인을 하면 귀밑머리를 풀어 길게 하나로 땋아 뒷목에서 틀어 올려 비녀를 꽂았지. 머리 모양으로 미혼과 기혼을 구별한 제도는 삼국시대부터 조선 후기까지 계속되었는데, 대개 얹은머리를 많이 했어. 영조(英祖)는 얹은머리의 가체(加髢:다리)가 점차 크고 높아지는 등 사치가 심해지자, 쪽머리로 고치라는 발제개혁(髮制改革)을 단행했고, 이 후 쪽머리가 일반화 됐지.

동백기름을 바르고 참빗으로 빗어 넘겨 머리 끝에는 빨간 댕기를 들이며 비녀 ·귀이개 ·빗치개 등의 뒤꽂이로 장식했어. 특히 쪽머리의 상징인 비녀는 쪽이 흘러내리지 않도록 고정하는 머리핀 구실 외에도, 머리장식품이었지. 크고 긴 것은 의식용으로, 작고 짧은 것은 평상시에 사용했고, 상류 계급의 부인은 금 ·은 ·옥 ·비취 등으로 만든 비녀를 꽂고, 서민층 부인은 나무 ·뿔 ·뼈로 된 비녀만 꽂을 수 있었어.

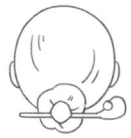

(두산백과)

우리말 여성어휘와 그와 관련된 일화들

시집살이
[동곧]

**여자가 시집가서 시집식구들과 함께 살면서
심신 양면으로 겪는 고된 생활**

오늘날 여권이 신장되고 점차 핵가족의 추세로 나아가고 있는 현대인들에게는 실감조차 나지 않는 퇴색한 말이라고 할 수 있겠지만, 이 시집살이 때문에 우리 할머니·어머니들은 많이도 울고 한숨짓고 쫓겨나며 심할 때는 스스로 목숨까지 끊기도 했어.

그것은 옛이야기 삼아 실토한 할머니들의 경험담으로써 또는 문학작품, 오랜 세월 동안 전승되어온 우리 주변의 전설·민담·속담으로써 막연하나마 그것이 쉽지 않은 일이었다는 것을 어느 정도 짐작할 수 있지.

'시집살이'란 한마디로 말하여 봉건시대의 유물이야. 따라서 요즈음에도 '시집살이' 하면 고되고 어렵고 구속이 심하고 지긋지긋하도록 부자유한 생활의 대명사로 쓰이고 있어.

(한국민족문화대백과, 한국학중앙연구원)

일이 힘든데다가 윗사람의 잔소리가 심하면 '시집살이가 심한 직장'이 되고, 늘그막에 몸이 고된 처지가 되면 '늘그막에 된 시집살이 만났다.'고도 해. 또 자녀들이 까다롭게 굴면 젊은 엄마는 '애들이 시집살이 시킨다.'고 푸념하기도 하지. 한편 시집살이와 대비되는 것이 '처가살이'라고 해.

처가살이에는 두 가지의 경우야. 아들이 없어 양자삼아 데려다 함께 사는 데릴사위의 경우와 생활력이 없어 처자식을 데리고 처가에 들어와 얹혀사는 경우지.

그런데 이 처가살이는 모계사회의 잔재로서 일정한 기간 동안 남자가 여자 집에 들어가 사는 이른바 '남귀여가(男歸女家)'의 혼인형태와는 달라. 또 앞에 말한 '데릴사위'같이 여가(女家)의 필요에 의해 사위를 들여 사는 경우와는 달라.

'시집살이'의 대가 되는 '처가살이'는 남자가 무능해서 처가에 얹혀사는 경우를 말해. 딸은 출가외인(出嫁外人)인데 외인이 못 되고 다시 들어왔으니, 그 남편인 사위는 주변머리 없고 면목 없는 무능한 존재가 되는 거야. 따라서 시집살이가 고된 생활인 데 반해, 처가살이는 치사하고 굴욕이고 눈칫밥 얻어먹는 신세라 할 수 있어.

고생의 대명사 같은 '시집살이'라는 말은 언제부터 생겨났

우리말 여성어휘와 그와 관련된 일화들

으며, 왜 근래까지 500년 이상의 장구한 생명을 유지해왔을까? 그 이유는 당연히 조선시대의 배경에서 찾아야 해.

앞에서 말한 바와 같이 시집살이는 봉건사회의 부산물로서 철저한 남존여비와 효도지상의 유교윤리, 그리고 가난과 조혼의 풍습 등 사회적 병폐 속에서 생겨났어. 이것을 조금 더 구체적으로 살펴볼게.

남존여비와 삼종지법

여성사에서 볼 때, 조선시대야말로 우리나라 여성에게는 최악의 시대라고 할 수 있어. 원시 샤머니즘사회의 사제자(司祭者)로서의 여무(女巫)의 위치라든가, 모권사회의 일을 그만두고라도 신라시대만 하여도 여왕이 셋이나 나왔다는 사실로써 당시 여성들의 사회적 지위를 알 수 있어. 또, 고려시대에도 신라 때만큼은 못해도 조선시대같이 비참하지는 않았어.

≪고려도경 高麗圖經≫에 이른바 '남녀이합무상(男女離合無常)'이라는 말과 같이 연애가 자유로웠고 왕실에서조차 여성의 재혼이 가능할 정도로 남녀의 인권에 어떠한 제도적 차별대우가 없었다는 사실이 이를 증명하지.

그런데 주자학의 수입으로 고려 말부터 차츰 떨어지기 시작한 여성의 지위는 조선시대에 들어와서 완전히 제도적으로 묶이게 되었어. 그 근본을 이루는 것이 남존여비와 삼종의 법이야.

예로부터 "아들을 낳으면 상 위에 누이고 구슬을 주어 놀게 하고, 딸을 낳으면 상 아래에 누여서 실패를 가지고 놀게 한다〔弄璋之慶弄瓦之慶〕."고 하였듯이 같은 혈육이건만 남녀는 세상에 태어남과 동시에 귀천으로 갈라져서 차별대우를 받았어.

우리말 여성어휘와 그와 관련된 일화들

이것이 가정내에서도 '남편은 곧 아내의 하늘 [夫乃婦天]' 이라는 사상으로 이어져. 따라서 남편을 3인칭으로 '소천(所天)'이라 부르기도 하며, 손님같이 공손히 받드는 것이 아내의 미덕이라 했지.

자기에게 의견이 있어도 남편이 하는 일에 간섭해서는 안 되며, 설사 남편이 "소금섬을 물로 끌라."고 해도 복종해야 한다는 거야.

이와 같이 반드시 남편을 따라야 하는 [女必從夫] 유교원리는 '여자의 음성이 중문 밖에 나가면 그 집의 법도를 알겠다.'느니, '암탉이 새벽에 울면 집안이 망한다.'느니 하여 여자는 유순과 복종만이 미덕이라 일컬어 왔어. 여자에게 강요된 복종은 남편에게 뿐만 아니라 출가 전에는 부모의 명령을 좇고, 남편이 죽은 뒤에는 아들의 말을 들어야 한 거야. 이것이 곧 삼종이라는 거야.

여자는 일생 중문 안에 갇혀서 신분이 높을수록 바깥세상을 모른 채 조상의 제사를 받들고 [奉祭祀], 시부모와 남편을 섬기고 [事舅姑, 事夫], 시가 형제 및 동서들과 우애 있게 지내고 [善姨姒], 노복을 다스리고 [御奴僕], 손님을 대접하는 [接賓客] 일이 본분이었어. 이것을 여자의 여섯 가지 도리라 했지. 그런데 노비를 거느릴 수 있는 계층의 여인이라면 육체적 노동은 면하였을 것이니 그래도 나은 편이었지. 그러나 정신적인 고통이 육체적 고통 못지않다는 것은 당사자의 입장이 되어보지 않으면 남이 알 수 없는 경우가 많겠지.

이를 뒷받침 해주는 것이 문학작품 속의 허구뿐 아니라 실지로 8·15광복 전까지만 해도 상류가정에서 가끔 일어난 며느리의 자살사건이야.

이 같은 남존여비사상과 삼종의 법이 시집살이와 어떻게 연관되는가? 그것은 시집식구를 상전시(上典視)하고 남편의 형제들에게 '서방님'·'도련님'·'작은아씨'(또는 아기씨) 등을 받쳐 부르는 말씨에 며느리의 지위가 여실히 드러나 있지.

우리말 여성어휘와 그와 관련된 일화들

조혼
[조혼]

혼인 적령기가 되지 않은 어린 아이가 일찍 혼인하던 풍속

'조혼(早婚)'은 근대에 들어와 계몽 운동가들이 전근대시대의 어린 나이에 혼인하던 풍속을 비판하면서 생겨난 용어지. 조혼은 혼인 당사자, 가족, 사회에 해가 되는 풍속이라고 비판받았으며, 정부에서도 혼인 연령을 제한하는 법을 반포하기도 했어. 그러나 이후에도 조혼하는 사례들이 나타났고, 1930년대에는 조혼의 비율이 증가하기도 했어. 이러한 분위기에서 조혼이 발생한 역사적 배경에 대한 연구가 이루어졌는데, 이 연구에서는 가능한 빨리 후사를 얻기 위해서 혼인은 서둘렀다는 점과 원나라 때 공녀로 끌려가는 것을 피하기 위해서 일찍 혼인하던 풍속이 생겨났다는 점 등이 거론되었지. 그러나 조선시대에 조혼이 일반적이었는지에 대해서는 반론이 제기되었으며, 앞으로도 논의될 여지가 있어.

조혼 풍속 중에는 신랑, 신부가 모두 어린 경우 외에도 성인

(한국민족문화대백과, 한국학중앙연구원)

이 된 여성과 어린 신랑이 혼인하는 사례와 신부를 어렸을 때 시가에 데려와 키워 일정한 나이가 되면 혼인시키는 민며느리의 풍습도 존재했어.

혼인 연령에 대한 규정은 조선 세종대 『주문공가례(朱文公家禮)』의 혼인 연령을 참고해서 여성의 혼인 연령을 규정하면서 시작된 거야. 즉 『세종실록』의 1427년(세종 9) 9월 17일조에 의하면, 예조에서 '혼인의 연한을 정하지 않은 까닭에 세간에서 혼인을 서둘지 않아 시기를 잃게까지 된다. 다만 음양(陰陽)의 화합에 어긋날 뿐만 아니라 여자들이 혹은 남에게 몸을 더럽히게까지 되어 풍속이 아름답지 못하게 된다. 그러니 여성들은 나이 14세에서 20세 안에 혼인하도록 하고, 이유 없이 이 기한 내에 혼인하지 않으면 혼주(婚主)를 처벌하자'고 청해서 윤허를 받은 기록이 적혀 있어.

한편 1440년(세종 22) 3월 8일조 『세종실록』에는 조혼에 대한 규정이 있는데, 남자는 16세, 여자는 14세 이후에야 혼인할 수 있도록 규정하고, 예외적으로 나이 50이 넘은 부모가 원한다면, 자녀 나이가 12세 이상일 때 관의 허락을 받아 혼인할 수 있도록 했지. 이처럼 조혼을 규제한 이유는 당시 풍속이 부귀를 사모(우러러 받들고 마음속 깊이 따름)해서 혼인을 너무 일찍 의논하는데, 너무 어린 나이에 혼인하면 부모 되는 도리를 알지 못한 채 자식을 두는 고로, 교화(敎化)가 밝지 못하고 백성이 많이 요사(夭死)한다는 점 등을 들고 있

우리말 여성어휘와 그와 관련된 일화들

어. 후대의 조혼 폐해 지적과도 일맥상통하는 주장이지. 그러나 이후에도 조혼 추세는 계속되어 남자 14세, 여자 13세 이상이면 혼인할 수 있도록 했고, 부모가 50세 이상이거나 병이 들어 자녀가 일찍 혼인하기를 바라는 경우에는 자녀 나이 10세 이상이면 관에 고하여 혼인할 수 있도록 했어. 이처럼 자꾸 혼인연령이 낮아졌던 이유는 가능한한 빨리 후손을 얻어 가계 계승을 안정시키려는 가족제도적 이유가 있었기 때문이야. 『경국대전(經國大典)』에서는 남자 15세, 여자 14세 이후에 혼인할 수 있도록 규정했지. 그리고 부모 중 한사람이 병이 있거나 나이 50이상일 경우는 자녀가 12세 이상이면 관에 고해서 혼인할 수 있도록 했어.

조혼이 폐습이라는 인식은 1886년 『한성주보(漢城周報)』에 처음 등장해. 이러한 인식에 따라 1894년(고종 31) 갑오개혁 때에는 남자 20세, 여자 16세가 되어야 혼인하는 것을 허락하도록 하는 법을 반포했어. 그러나 실제로는 오랜 조혼 관습으로 이 법이 제대로 시행되지 못했어. 이에 당시 근대화를 추구하던 지식인들은 지각이 나기 전에 부모의 뜻대로 혼인해서 집안이 화목하지 못하고, 골격이 자라기 전에 혼인하여 자식들이 튼튼하지 못했어. 남자가 경제적 능력이 없는 상태에서 아내를 맞이하는 것은 염치없는 일이라는 등의 논리를 제시하며 조혼을 타파해야 할 폐습이라며 대중을 계몽을 시작했어.

1907년(융희 원년) 8월에는 남자 만17세, 여자 만15세 이상이 돼야 혼인할 수 있도록 하는 조칙이 내려졌지만 이후에도 이 조칙을 지키지 않는 사람들이 있었어. 조혼이 폐습이라는 논의는 일제 강점기에도 지속했고, 역사적 배경을 추적하는 연구가 이루어지기도 했어.

현재 민법 제807조에는 남녀 모두 만 18세에 이르면 혼인할 수 있도록 규정돼 있어. 그러나 경제적 이유 등으로 혼인 연령이 늦춰지고 있는 추세야.

우리말 여성어휘와 그와 관련된 일화들

조혼 풍습
[조혼풍습]

시집살이가 존재한 또 하나의 이유로 조선시대 조혼풍습을 들 수 있어. 신분이 귀할수록 혼인연령이 빨랐던 것은 왕실에서 10세 내외면 국혼(國婚)을 하였던 것으로도 알 수 있지만 딸을 둔 집에서는 가난하면 식구 하나 줄이기 위해서 결혼을 서둘고, 가세가 넉넉한 집에서도 신랑의 나이가 어리므로 아무리 신부의 나이가 2, 3세 위라 해도 어차피 10대 조혼이 될 수밖에 없었어.

이 같은 조혼풍조는 조선시대에 빈번한 명나라와 청나라에서의 공녀(貢女) 요구와 임진왜란·병자호란 등의 난리 때 서둘러 머리를 올려놓음으로써 적병에게 유린당하는 욕을 미연에 방지하자는 것도 그 이유의 하나였어.

그러나 조선 초기의 왕들의 예를 보면 세종·문종·세조가 모두 12세에 혼인을 하였으니 신분이 높은 경우에는 원래 조혼을 했던 것으로 보여.

(한국민족문화대백과, 한국학중앙연구원)

8·15광복 전까지도 우리 사회의 혼속(婚俗)에서 특별한 경우를 제외하고 민간에서는 17, 18세가 보통의 혼령이었으니 더 옛날 조선시대에는 그보다도 더욱 빨랐을 것은 당연하지.

그러므로 심신 양면으로 미숙한 나이에 낯선 식구 속에 뛰어들어 혼자 겪어내야 하는 시집살이가 힘겨웠을 것은 너무나 당연하겠지. 여기에 신랑이 어리다는 사실이 여성에게 시집살이의 어려움을 더욱 가중시켜 주는 결과가 된 거야.

연을 날리다가 논 수렁에 빠져 옷을 몽땅 버려가지고 들어왔다든가, 팽이 치고 놀다가 얼음이 깨져 겨우 살아 돌아온 어린 신랑의 이야기는 흔히 들어온 이야기지.

이 경우 일일이 물을 데워서 쓸 수도 없는 처지에서 고무장갑도 없던 시절에, 정월 우물물이나 개울물로 남몰래 빨아 입혀야 하였던 어려움은 충분히 짐작할 만해. 육체적인 고생만이 아니라 어린 신랑 때문에 겪은 정신적 시집살이도 적지 않았어.

이를테면 악의 없이 새색시 이야기를 자기 어머니에게 한 것이 고해바친 격이 되어 화가 되는 것이 그 예인데, 옛 여인들은 "코 흘리고 팽이 치는 아기, 언제 길러 내 낭군 만드나." 하고 한탄하기도 했지.

우리말 여성어휘와 그와 관련된 일화들

데릴사위
[데릴사위]

**딸을 시집으로 보내지 않고 집에
데리고 있기로 하고 삼은 사위**

한자어로는 '췌서(贅壻)'라고 해. 일반적으로 아들이 없이 딸만 가진 부모가 데릴사위를 들이는 것이 보통이나, 아들이 있는 집에서도 데릴사위를 들이는 경우가 많이 있었어. 흔히, 데릴사위는 솔서(率壻)·예서(豫壻)와 혼동되기도 하는데, 그 성격이 명백히 달라. 솔서는 예로부터 우리나라에 뿌리 깊었던 남귀여가(男歸女家)의 습속과 관련된 거야.

남귀여가란 혼례를 치른 사위가 자식을 볼 때까지 또는 그 이후까지도 처가에 계속 머물러 살다가 본가로 돌아오는 습속을 말해. 솔서란 본가로 돌아오기 이전까지만 한정적으로 처가살이를 하는 사위를 말해. 남귀여가의 습속은 조선 중기에 들어와서 삼일신행(三日新行)이 정착함에 따라 점차 없어졌지.

(한국민족문화대백과, 한국학중앙연구원)

솔서는 데릴사위와 마찬가지로 처가를 자기의 집으로 알고 처의 부모를 아버지, 어머니라고 부르며 부모처럼 섬겼고, 처부모도 사위를 친자식과 다름없이 호칭했어. 외가에서 사는 사위의 자녀들도 이러한 분위기에서 외조부모를 친조부모처럼 여겨 간혹 외손봉사(外孫奉祀)의 결과를 가져다주기도 했어.

한편, 예서란 혼인 전에 미리 처가에 들어가 살면서 노동력을 제공하는 것으로 데릴사위와 다른 것이지만, 데릴사위 중에서도 예서와 마찬가지로 혼인 전에 미리 처가에 들어가 노동력을 제공하는 경우가 있었어.

우리 나라에서 데릴사위의 기원과 역사적 존재형태를 명백히 알아내기는 힘들어. 고대의 신화 속에서 박혁거세(朴赫居世)와 석탈해(昔脫解)가 모두 데릴사위의 성격을 지니고 있었다는 점에서 예로부터 데릴사위가 있었음을 알 수 있어. 한편, 조선 초기에 이르기까지 외손봉사가 널리 행하여진 것으로 미루어보아 이때까지도 데릴사위가 널리 존재하였을 것으로 보여.

조선 중기 이래 이성불양(異姓不養)을 원칙으로 하는 양자제도가 널리 퍼지게 되자 데릴사위제도가 위축된 것 같아. 상층사회에 국한된 일이었을 것이며, 하층사회에서는 민족항일기

우리말 여성어휘와 그와 관련된 일화들

에 이르기까지 데릴사위제도가 널리 퍼져 있었지.

민족항일기에 이르기까지도 가난한 농민이나 화전민 중에는 비록 아들이 있어도 사위를 맞아 동거하면서, 생활비를 대는 대신에, 무상의 노동력을 제공받고 그 뒤 간단한 세간을 마련해 주어 분가시키거나, 혹은 분가시키지 않고 그대로 계속 같이 살게 하는 경우가 있었어. 대부분의 데릴사위의 위치는, 처가와 경제적인 의존관계에 있었으므로 떳떳하지 못한 것으로 여겨졌지.

'넘어다보는 단지에 겉보리 서되만 있으면 처가살이 않는다.' 라는 속담도 이러한 태도에서 비롯된 것으로 보여.

궁녀
[궁녀]

왕족을 제외한 궁중 모든 여인들

나인[內人]들과 그 아래 하역(下役)을 맡은, 무수리[水賜]·각심이(방아이)·방자(房子)·의녀(醫女)·손님이라 불리는 여인들이야. 보통 궁녀라 하면 상궁(尙宮)과 나인으로 분류되는 거대한 인구의 여인들을 의미하기도 해. 넓은 의미의 궁녀로 포괄되는 내역은 다음과 같아.

① **무수리** : 몽고말이며, 궁중 각 처소에서 막일을 담당하는 여인을 말해. 민족 항일기에는 궁 밖에서 매일 통근하는 제도였다고 하지만, 원래는 궁중에 붙박이로 소속되어 있었지.

② **각심이[婢子, 또는 房子]** : 비번 날 사는 개인 집인 상궁의 처소에서 부리는 가정부·식모·침모 등을 뜻해.

(한국민족문화대백과, 한국학중앙연구원)

우리말 여성어휘와 그와 관련된 일화들

이들의 월급을 국가에서 지급했으므로 방자라고도 해. 방자란 관청의 사환으로, 예컨대 <춘향전>에서의 방자와 같은 거야.

③ **손님** : 왕의 후궁으로서 당호(堂號)가 바쳐지고 독립 세대를 영위하는 여인의 집에서 살림을 맡아하던 일종의 가정부 같은 여인이야. 대개 친정붙이이며, 보수는 후궁의 생계비에서 지출돼. 손님이라는 이름은 궁 밖에서 온 사람이라는 의미로, 무수리나 각심이와는 달리 예의를 갖춘 말이야.

④ **의녀** : 약방 기생이라고도 한다. 약방이란 궁중 내의원(內醫院)의 별칭으로, 의녀의 소속이 내의원이지만 전신(前身)이 기생이기 때문에 붙여진 이름이야.

소임은 평상시에 궁녀들에게 침을 놓아주기도 하고 비·빈들의 해산에 조산원(助産員) 노릇도 하지만, 궁중의 크고 작은 잔치가 있을 때에는 기생으로 변신하기도 해. 원삼(圓衫)을 입고, 머리에는 화관을 쓰고, 손에는 색동 한삼(汗衫)을 끼고 춤을 추는 무희이기도 하지.

원래 의녀 제도는 궁중에서 비빈을 비롯해 궁녀들이 내외법으로 말미암아 남자 의원의 진맥을 회피해 죽는 자가 많았으므로, 태종 때 창고궁사(倉庫宮司)의 어린 비자(婢子) 중에서 수십 명을 뽑아 진맥과 침을 놓는 법을 가르친 것이 그 시초였지.

원래 배우지 못한 천민이라 무식해서 별로 성과가 없었으므로, 연산군대에 와서는 서울 각 관청에서 잔치가 있을 때 아예 화장을 시켜 기생으로 참가시켰는데, 이러한 제도는 조선시대 말기까지 내려왔어. 고종대만 해도 의녀의 수가 80명이나 되었으나, 서양의사(西洋醫師)가 궁중에 들어오고나서부터 의녀 제도는 없어졌어.

⑤ **나인** : 궁녀들은 반드시 자신들을 상궁나인이라 하여 상궁과 나인을 구분했어. 나인과 상궁은 그들 사회에서는 차원이 다를 만큼 차이가 있기 때문이야.

또한, 나인 아래에는 견습나인이 있는데, 이들은 아기나인 또는 생각시로 불린다. 보통 4세부터 계례(筓禮) 전인 17세 사이의 어린이 및 소녀 나인들이야.

그리고 궁녀의 신분적 등급은 견습나인·나인·상궁의 세 종류로 나뉘며, 그 세 종류 가운데에서도 입궁 연조와 소속 부서에 따라 차등이 있었어.

같은 상궁이라도 경력에 따라 정7품도 있고 정5품도 있으며, 또 같은 정5품의 상궁도 소속 부서의 격에 따라 같을 수 없었

우리말 여성어휘와 그와 관련된 일화들

지. 실제로 궁녀는 왕족의 사생활을 위한 일종의 사치 노예이므로, 그들을 필요로 하는 곳은 의식주로 분장(分掌)된 각 독립처소야.

지밀(至密)·침방(針房)·수방(繡房)·내소주방(內燒廚房)·외소주방·생과방(生果房)·세답방(洗踏房)의 일곱 부서 외에 세수간·퇴선간(退膳間)·복이처(僕伊處)·등촉방(燈燭房)의 네 부설 부소가 있어.

위 부서에 소속된 궁녀들을 일반 개인 가정으로 비교해보면, 지밀나인은 몸종격으로 가장 격이 높고, 침방·수방 나인들은 침모(針母), 소주방과 생과방은 찬간(饌間)의 식모들인데, 궁중에는 무수리가 하역(下役)을 맡았지.

세답방은 표모(漂母)로서 빨래 일을 맡는데, 일반 개인 가정에서는 빨래를 보통 노비가 하고, 다리미와 다듬이질은 대개 경험이 많은 부인들이 맡았어.

궁녀의 격은 지밀이 가장 높고, 다음이 침방과 수방으로, 이들은 양반 부녀와 같이 치마도 외로 여며 입고 앞치마를 두르지 않고 길게 늘일 수 있는 특권을 가지고 있었어.

그것은 마루 위에서 할 수 있는 일의 성격상 소주방이나 세답방 나인같이 치마를 걷어 올릴 필요가 없기도 한 때문이야.

위 세 부서 외의 다른 부서는 치마를 바로 입고 앞치마를 위에 둘러 걷어 올려. 이와 마찬가지로 생각시가 있는 곳도 지밀과 침방·수방뿐이다. 나머지 부서들은 생[絲楊]을 맬 수 없으며, 머리를 길게 늘어뜨려.

본궁의 궁녀들은 별궁나인을 '궁것'이라고 경멸했다. 본궁의 경우, 왕을 비롯해 모두 독립 세대로 영위되며 왕과 왕비와 왕대비 등은 같은 규모의 궁녀 인구를 갖기도 해.

궁녀가 90명이라 할 때 왕·왕비·대비전의 처소별 궁녀수는 대개 지밀 20~27명, 그밖에는 15~20명 정도로 추측돼. 이러한 궁녀 사회에도 간부들이 있었는데, 총수격인 우두머리 상궁과 그 밖의 맡은 바 직책의 중요성에 따라 특별 대우를 받는 궁녀들이 있었어.

제조상궁(提調尙宮)으로 큰방상궁이라고도 하는데, 이들은 많은 궁녀들 중에 어른으로 왕명을 받들고 내전(內殿)의 재산 관리를 담당했어. 또한, 아리꼬[阿里庫]상궁으로 불리는 부제조상궁은 내전의 창고(倉庫, 아랫고·下庫)의 물품을 관리하기도 했어.

그리고 일명 지밀상궁으로도 불리는 대령상궁(待令尙宮)은 왕의 측근에서 항상 그림자와 같이 시위(侍衛)하기도 했어. 왕자녀의 양육을 담당했던 보모상궁(保姆尙宮)이 있었으며,

우리말 여성어휘와 그와 관련된 일화들

이들 중에서 왕세자의 보모가 가장 격이 높았지.

또한, 지밀상궁 중에서 궁중 의식이나 잔치 때 왕을 비롯한 왕비·왕대비 등의 인도와 진행을 담당했던 시녀상궁(侍女尙宮)은 지밀의 서책 관리와 국상(國喪) 때 곡읍(哭泣)을 담당하기도 했어.

마지막으로, 감찰상궁(監察尙宮)은 궁녀들의 상벌을 담당했어. 감시병 구실도 겸한 두려운 존재였지. 궁궐내의 모든 궁녀들은 입궁에서 퇴출(退出)까지 원칙적으로 종신제였어.

왕의 직계 및 그 배우자 외에는 후궁도 궁중에서 죽을 수 없으므로, 늙고 병들면 궁녀는 궁궐을 나가야 했어.

궁녀의 선출은 원칙적으로 10년에 한번이었지만 예외도 있었어. 지밀나인의 경우 조건이 까다로워서 상궁들이 두세번씩 선을 보러 나갔어. 그러나 대개 연줄과 세습이라 할 수 있으며, 고모가 조카를 들여놓는 경우가 많았어.

궁녀의 출신 계급은 지밀과 침방·수방은 중인 계급, 기타는 대개 상민 계급이었어. 입궁 연령은 지밀이 가장 어려 4~8세, 침방·수방이 6~13세, 그 밖은 12~13세가 관례였어.

궁녀는 입궁 후 15년이 되면 계례를 치르고 정식 나인이 되었지. 남색 치마에 옥색 저고리, 머리에는 개구리첩지를 단 제복이 일생 동안 그들의 복장이었어.

나인이 된 뒤 다시 15년이 경과되면 상궁으로 승격했으므로, 가장 빠른 4~5세 입궁을 기준으로 할 경우에 35세 이후라야 상궁이 될 수 있었어.

그러나 예외도 있었어. 왕의 후궁이 되면 20대의 상궁도 있을 수 있었어. 이런 궁녀는 왕의 자녀를 낳기 전까지는 상궁의 신분에 머물러 있지만, 그 대신 아무 일도 하지 않고 왕의 곁에서 시위만 하면 됐지. 따라서 이러한 경우를 승은상궁(承恩尙宮)이라 했어.

이들이 왕의 자녀를 낳게 되면 종2품 숙의(淑儀) 이상으로 봉해져서 독립 세대를 영위하게 되었던 거야.

궁녀의 보수는 고정적으로 아기나인이 한달에 백미 너말(4斗 : 오늘날의 3두꼴)이고, 옷감이 1년에 명주와 무명 각 1필, 여름에는 베·모시도 하사품으로 내려 충분히 쓰고 남을 정도였어. 식생활은 궁중에서 해결되었으므로, 이러한 보수는 친가 부모·형제들에게 보탬이 되었어.

일제강점기에 접어들어서는 월급제가 실시되었는데, 상궁들은 고등관 대우를 받았고, 제조 상궁쯤이면 장관급의 대우를

우리말 여성어휘와 그와 관련된 일화들

받았어.

궁녀는 원칙적으로 종신제였지만, 특별한 경우, 즉 이들이 중병이 들었을 때, 가뭄으로 궁녀 방출이 결행될 경우(단, 젊은 궁녀), 모시고 있던 상전이 승하했을 경우 중도에 나갈 수도 있었어.

특히, 가뭄으로 인한 궁녀 방출은 가난으로 국가에서 결혼 못한 노총각에게 결혼 비용을 지급하는 의미와 같은 이치야. 젊은 궁녀가 헛되이 왕권의 그늘에서 늙어 가는 부당성을 국가에서 인정한 증거이기도 해. 결국 이러한 궁녀 제도는 절대군주국가 시기의 희생물이라고 할 수 있어.

의녀
[으녀]

조선시대에 부인들의 질병을 구호 진료하기 위해 생긴 여자 의원

조선은 성리학의 영향으로 남녀구별이 엄격하여 부녀자들이 남자 의원에게 진료받기를 꺼려 치료를 받지 못하고 죽는 경우가 있었어. 1406년(태종 6)에 제생원지사 허도(許衜)의 건의로 의녀제도를 실시했지. 관비를 대상으로 의녀교육을 실시하고 의술을 익힌 의녀는 부녀자를 치료했어. 초기에는 의녀의 활동 무대가 한양에 국한되어 있었으나 1423년(세종 5)에 각도 계수관의 관비를 뽑아 의술을 가르치고, 의술을 배운 의녀는 본거지로 가 부녀를 치료하게 해서 의녀의 활동 무대가 지방까지 확대시켰어. 세종은 의녀의 활동이 효과를 거두자 의료 혜택을 확대하기 위해 의녀 수를 늘였어.

의녀 교육 대상자는 원래 관비 출신이었기 때문에 학문적인 기초가 부족했어. 그래서 필수적인 의술과 산부인과에 관한 내용을 주로 교육했어. 성종 때는 권과조목(勸課條目)이 마련

우리말 여성어휘와 그와 관련된 일화들

했는데, 여기서는 의녀를 내의(內醫), 간병의(看病醫), 초학의(初學醫) 등 3단계로 나눴어. 내의는 의원으로 활동하는 의녀이고, 간병의는 공부하며 치료를 겸하는 의녀이며, 초학의는 교육받은 지 얼마 되지 않은 의녀를 말해.

연산군대에 들어와 이들의 주 임무는 서울 각 관청에서 잔치가 있을 때마다 화장을 하고 기생으로 참가하기도 했어. 그 뒤 중종 때에도 의녀를 의기(醫妓)라고 해서 조관들의 연회에 초청했다. 1510년(중종 5) 이후로 의녀를 연회에 참가하지 못하도록 하였으나 잘 지켜지진 않았어. 의녀제도는 조선 후기까지 계속되어 고종 때만 해도 의녀의 수는 80명에 달했어. 이들은 이후 양의사가 궁중에 들어오면서 점차 없어졌어.

장금
[장ː금]

조선 중종 때의 어의녀로 왕의 주치의 역할

일명 대장금(大長今)으로 '큰' 또는 '위대한'을 뜻하는 '대(大)'를 써서 대장금으로 불렸다고 전해져. 출생연도, 성씨와 본관, 출생 배경 등에 대해서 남아있는 기록이 거의 없어. 중종의 어의녀로 중종의 주치의 역할을 수행하였는데, 이는 의녀 가운데 유일한 거야. 천민 신분의 의녀로서 수많은 남자 의관(醫官)을 제치고 왕의 주치의가 되었다는 것은 당시 남성 위주의 엄격한 관료주의제 아래서는 거의 불가능한 일로, 중종(中宗)의 총애를 받았고, 뛰어난 의녀였음을 짐작할 수 있어. 《조선왕조실록》에 '1515년 인종이 태어날 때 호산해 공이 있었다'는 기록과 '중종으로부터 쌀과 콩을 포상으로 받았다'는 기록 등이 전해져.

(두산백과) 구십오

우리말 여성어휘와 그와 관련된 일화들

허난설헌
[허난서련]

조선 중기 선조 때의 시인

조선 중기 선조 때의 시인이야. 불행한 자신의 처지를 시작으로 달래어 섬세한 필치와 독특한 감상을 노래했지.

본관 양천(陽川). 호 난설헌(蘭雪軒). 별호 경번(景樊). 본명 초희(楚姬). 명종 18년(1563년) 강원도 강릉(江陵)에서 출생했어. 《홍길동전》의 저자인 허균(許筠)의 누나이기도 해. 이달(李達)에게 시를 배워 8세 때 이미 시를 지었고, 천재적인 시재(詩才)를 발휘했어. 1577년(선조 10) 15세 때 김성립(金誠立)과 결혼하였지만, 원만하지 못했다고 해. 연이어 딸과 아들을 모두 잃고 오빠 허봉이 귀양을 가는 등 불행한 자신의 처지를 시작(詩作)으로 달래어 섬세한 필치와 독특한 감상을 노래했으며, 애상적 시풍의 특유한 시세계를 이룩했어.

허난설헌이 죽은 후 동생 허균이 작품 일부를 명나라 시인 주지번(朱之蕃)에게 주어 중국에서 시집 《난설헌집》이 간행돼서 격찬을 받았지. 1711년 분다이야 지로[文台屋次郎]에 의해 일본에서도 간행되고, 애송되기도 했어. 선조 22년(1589년) 27세로 요절하였으며 유고집에 《난설헌집》이 있다. 작품으로는 시에 《유선시(遊仙詩)》, 《빈녀음(貧女吟)》, 《곡자(哭子)》, 《망선요(望仙謠)》, 《동선요(洞仙謠)》, 《견흥(遣興)》 등 총 142수가 있고, 가사(歌辭)에 《원부사(怨婦辭)》, 《봉선화가》 등이 있어.

우리말 여성어휘와 그와 관련된 일화들

상궁
[상궁]

조선시대 궁인직(宮人職)

내명부(內命婦)에 속하는 정5품 벼슬로, 4품 이상의 품계에는 오르지 못했어. 상궁은 그 직책에 따라 이름이 붙고 등급이 따르는데, 다음과 같아.

① **제조상궁**(提調尙宮):큰방 상궁이라고도 하며, 상궁 중 가장 지위가 높은 어른 상궁이야. 그 직책은 내전의 어명을 받들며, 대소치산(大小治産)을 관장하였다. 왕을 가까이 모시므로 권세를 쥔 상궁도 많았어. 부하 나인들에게는 두렵고 어려운 존재였지.

② **부제조 상궁**:제조상궁의 버금 위치이고, 아리고(阿里庫)상궁이라고도 하며, 내전 별고(內殿別庫)를 관리하고 치산(治産)하였다. 옷감·그릇 등 안곳간[內庫間]의 출납을 관장했어.

③ **대령(待令)상궁**: 지밀(至密)상궁이라고도 하며, 대전(大殿) 좌우에 시위(侍衛)해서 잠시도 떠나지 않고 모시는 상궁이야.

④ **보모(保姆)상궁**: 왕자·왕녀의 양육을 도맡은 나인[內人] 중의 총책임자로서 동궁(東宮)을 비롯해서 각 왕자녀궁에 1명씩 있었어.

⑤ **시녀(侍女)상궁**: 주로 지밀에서만 봉사해서 서적 등을 관장하고 글을 낭독하거나 문서의 정서, 대·소 잔치 때 시위(侍衛)와 승도(承導)의 일을 담당했어. 왕·대왕대비·왕비에게는 계청(啓請)·찬례(贊禮)·전도(前導)·승인(承引)·시위의 일을 하고, 왕세자·세자빈에게는 승도·배위(陪衛)·찬청(贊請)·전인(前引)의 일을 하기도 해. 또한, 안으로는 상궁 나인들과 밖으로는 종친·조신(朝臣) 집안 부녀들에 대한 품사(稟賜)와 규찰을 하며, 곡읍(哭泣)의 일과 대·소 사우(祠宇)를 관장해.

우리말 여성어휘와 그와 관련된 일화들

수라간
[水剌間]

수라(水剌)는 원래 몽고어(蒙古語)로서 탕미(湯味)를 뜻하며, **수라를 짓는 주방**(廚房)을 의미해.

화냥녀

[화냥녀]

'고향으로 돌아온 여인'

조선, 1637년(인조 15년)에 만들어진 것으로 보여. 병자호란 때 오랑캐에게 끌려갔던 여인들이 다시 조선으로 돌아왔을 때 그들을 '고향으로 돌아온 여인'이라는 뜻의 환향녀(還鄕女)라고 부르던 데서 유래했어. 청나라에 포로로 끌려간 인원은 약 60만 명 정도인데, 이중 50만 명이 여성이었다고 해. 따라서 이들이 귀국하자 엄청난 사회 문제가 되기도 했어.

사람들은 적지에서 고생한 이들을 따뜻하게 위로해주기는커녕 그들이 오랑캐들의 성(性) 노리개 노릇을 하다 왔다고 해서 아무도 상대해주지 않았을 뿐더러 몸을 더럽힌 계집이라고 손가락질을 했어. 병자호란 이전 임진·정유 양난에 일본에 포로로 잡혀갔던 여인들 역시 마찬가지였지.

이 환향녀들은 가까스로 귀국한 뒤 남편으로부터 이혼을 요

우리말 여성어휘와 그와 관련된 일화들

구받았는데, 선조와 인조는 이혼을 허락하지 않았어. 특히 인조는 이혼을 허락하지 않는 대신 첩을 두는 것을 허용해서 문제를 해결해보려 했지.

이 무렵 영의정 장유의 며느리도 청나라에 끌려갔다가 돌아와 시부모로부터 이혼 청구를 당했기도 했어. 처음에는 인조의 허락을 받지 못했지만, 장유가 죽은 후 시부모에게 불손하다는 다른 이유를 내걸어 결국 이혼시켰다고 해.

환향녀들이 이렇게 사회 문제가 되자 인조는 청나라에서 돌아오는 여성들에게 "홍제원의 냇물(오늘날의 연신내)에서 목욕을 하고 서울로 들어오면 그 죄를 묻지 않겠다"고 선언했어. 그러면서 환향녀들의 정조를 거론하는 자는 엄벌하겠다고 했어. 하지만 이들에 대한 핍박은 그치지 않았어. 특히 환향녀의 남편들은 이혼은 왕명 때문에 하지 않더라도 다른 첩을 두고 죽을 때까지 돌아보지 않는다거나 갖은 핑계를 대서 스스로 나가도록 유도했어. 시집을 가지 않은 처녀들의 경우에도 스스로 자결하거나 문중을 더럽혔다는 이유로 쫓겨나는 등, 수많은 환향녀들이 죽을 때까지 수모를 받았지.

화냥년 또한 '호로'와 마찬가지로 신계영이 속환사로 청나라에 들어가 포로 6백여 명을 데리고 돌아온 1637년을 생성 된 거 같아. 이후로도 많은 포로들이 도망치거나 속전을 내고 귀국했어.

흥청거리다
[흥정거리다]

흥청 : 노래와 악기를 다룰 줄 아는 기생들 가운데 뽑혀서 대궐로 들어온 기생

조선, 1503년(연산군 9년)에 만들어졌어. 흥청(興淸)은 본래 운평(運平)에서 나온 말인데, 운평이란 조선 연산군 때 있었던 기생제도로서, 여러 고을에서 노래와 악기를 다룰 줄 아는 기생들 가운데 뽑혀서 대궐로 들어온 기생을 흥청이라 불렀어.

연산군은 재위 9년(1503년) 10월에 악공(樂工)을 광희(廣熙)라 부르고 기악(妓樂)을 흥청과 운평이라 일컬었지. 여기에서 '흥청망청'이란 말과 함께 '흥청거리다'는 말이 나왔어.

궁에서 이 흥청들을 한자리에 모아놓고 잔치라도 벌일라치면 그 요란하고 시끄러운 것이 대단했기에 나온 말이야.

우리말 여성어휘와 그와 관련된 일화들

가마니
[가마니]

한 사람이 나르기에 적당하고 높이 쌓기에 편리한 틀

대한제국, 1908년(순종 융희 2년) 때 만들어졌어. 1909년에 당시 조선통감부에서 펴낸 제3차 『한국시정연보(韓國施政年譜)』에 따르면, 한 해 앞서 일본에서 그네, 풍구, 낫, 괭이 따위와 함께 새끼틀 19대, 보통 가마니틀〔普通製筵器〕 495대, 마사노식 가마니틀〔眞野式製筵器〕 50대가 들어왔다는 기록이 있다. 이것이 가마니 제작의 시초가 되었으리라고 생각돼. '가마니'라는 이름도 일본말 '가마스(かます)'에서 비롯했어.

가마니가 들어오기 전 우리나라에서는 섬을 썼으나, 섬은 날 사이가 성기어서 낱알이 작거나 도정된 곡물은 담지 못하고 오직 벼, 보리, 콩만을 담았어. 섬은 가마니에 비해 담기는 양은 많으나, 그만큼 무거워서 한 사람이 들어 옮기기도 어려웠어. 그에 비해 가마니는 한 사람이 나르기에 적당하고 높

가마니 (뜻도 모르고 자주 쓰는 우리말 어원 500가지, 2012. 1. 20., 이재운, 박숙희, 유동숙)

이 쌓기에 편리해. 날과 날 사이가 잘 다져져서 어떤 곡물도 담을 수 있었기에 그 후로 전국에 널리 보급했어. 가마니는 1970년대까지 널리 쓰이다가 80년대 이후로는 서서히 비닐 포대에 밀리기 시작하더니 이제는 거의 60킬로그램들이 비닐 포대에 그 자리를 내줬지.

우리말 여성어휘와 그와 관련된 일화들

다방
[茶房]

차 중심의 다방은 고려, 1002년(목종 5년) 때 만들어졌고, 커피 중심의 다방—대한제국, 1902년 10월(고종 광무 6년)때 만들어졌어.

한말에 커피는 가배차, 가비차 또는 양탕(洋湯)이라 불렸는데, 이와 함께 홍차도 수입되기 시작했어. 이러한 새로운 차들이 보급됨에 따라 다방이 생겼지.

근대적인 기능과 형태를 갖춘 다방이 등장한 것은 3·1운동 직후부터이지만, 개항 직후 외국인이 인천에 세운 대불호텔과 슈트워드호텔의 부속 다방이 우리나라 다방의 선구가 되었고, 1902년 10월 손탁이 정동에 지은 손탁호텔에는 서울에서 최초로 호텔식 다방을 두었어.

백육 | 다방 [茶房] (뜻도 모르고 자주 쓰는 우리말 어원 500가지, 2012. 1. 20., 이재운, 박숙희, 유동숙)

1923년을 전후해서 근대적 의미의 다방이 생겨나기 시작했어. 명동의 '후다미〔二見〕'와 충무로의 '금강산'이라는 일본인 소유의 다방이 그 최초의 것이라 할 수 있어. 그후 1927년에 이경손이 관훈동 입구에 '카카듀'라는 다방을 개업했고, 우리나라 최초의 영화감독으로 「춘희」, 「장한몽」 등의 영화를 제작했던 이경손이 직접 차를 끓여 더욱 유명했어. 한편 요절한 천재작가로 불리는 이상(李箱)은 1930년대 초반에 종로에서 '제비', '식스나인' 등의 다방을 경영하기도 했지. 1930년대에는 소공동에 '낙랑파리'가 등장하면서 초기의 동호인들의 분위기에서 벗어나 영리 면에도 신경을 쓰는 본격적 다방의 면모를 갖추게 돼.

다방의 어원은 이보다 훨씬 더 오래 된 말이야. 고려 말, 조선 초에 왕을 가까이에서 모시거나 궁궐을 지키는 관원인 성중관(成衆官)의 하나로 존재했던 거야. 다방(茶房)은 주로 궁중에서 소용되는 약을 조제해서 바치거나 궁중의 다례(茶禮)에 해당하는 일을 했지.

조선시대에는 차(茶)를 공급했고 외국 사신들을 접대하는 일을 했어. 이밖에도 꽃, 과일, 술, 약 등의 공급과 관리도 함께 했지.

차를 사고파는 개념의 다방이란 어휘가 생겨난 시기는 고려 목종 5년인 1002년이야. 이 무렵 개성에는 백성들이 이용할

우리말 여성어휘와 그와 관련된 일화들

수 있는 다점(茶店)이 마련 돼. 다점에서는 차 이외에 달인 차를 판매했는데, 낮잠도 자는 휴게소였지. 또 여행자를 위한 휴게소 겸 숙박소인 다원(茶院)이 여러 고갯마루에 설치됐어.

조선이 건국되면서 차 문화가 쇠퇴했고, 그나마 영조 이후 차례(茶禮)마저 왕명으로 없어지면서 다방 혹은 다점 문화가 단절되기도 했어.

마누라
[마누라]

조선시대 말기 세자빈에게 쓰였던 존칭인 '마노라'에서 온 말

궁중 용어로 고려, 1231년(고종 18년)때 만들어졌어. 마누라는 조선시대 말기 세자빈에게 쓰였던 존칭인 '마노라'에서 온 말이다. '마노라'는 조선시대 중기에는 '마마'와 별 차이 없이 함께 불리다가 말기에는 '마마'보다 한 급 아래의 칭호로 쓰였어. 그러다가 늙은 부인 또는 아내를, 그나마도 낮춰 일컫는 '마누라'로 전락한 것은 지난 백 년쯤 사이에 생긴 새 풍속이야. 당상관(堂上官) 벼슬아치에게만 쓰이던 '영감'이 '마누라'의 상대어가 된 것도 이 무렵으로 추정돼.

원래 마누라는 고려 후기 몽골에서 들어온 말로, 조선시대에는 '대비 마노라', '대전 마노라'처럼 마마와 같이 쓰이던 극존칭이었어. 존칭어로서의 '마누라'라는 몽골어가 들어온 최초 시기는 앞서 나온 설명대로 1231년(고종 18년)으로 잡아.

우리말 여성어휘와 그와 관련된 일화들

양산
[양산]

 대한제국, 1907년(고종 광무 11년) 때 만들어졌어. 양산은 양장과 함께 우리나라에 들어왔어. 우리나라에서 양산을 처음 사용한 계층은 외국에 주재한 외교관 부인들로, 이들이 우리나라에 양산을 들여왔어. 현전하는 유물은 없고 영친왕의 모후인 엄 귀비가 양장을 하고 흰 장갑을 낀 손에 양산을 든 사진만 전해지고 있어.

 1896년 10월 8일 을미사변으로 명성황후가 시해된 5일 뒤, 고종의 사랑을 받았다는 이유로 명성황후에 의해 쫓겨나 10년째 사가에 살던 엄 귀비는 고종의 부름을 받고 궁에 복귀, 1897년 10월 20일 영친왕을 낳았어. 엄 귀비는 이 무렵부터 고종이 강제 퇴위된 1907년 7월 20일 사이에 양산을 들고 사진을 찍은 것으로 볼 수 있어. 양산이란 어휘 발생 시기는 일단 이 시기로 잡아.

양산 [陽傘] (뜻도 모르고 자주 쓰는 우리말 어원 500가지, 2012. 1. 20., 이재운, 박숙희, 유동숙)

 초기에는 햇볕을 가리기 위한 기능보다는 양장에 구색을 맞추기 위해서나 얼굴을 가리기 위한 기능으로 사용되었다고 해. 그 후 차차 양산이 보급 돼서 1960년대까지는 여자들이 외출할 때 양산을 지참했지.

우리말 여성어휘와 그와 관련된 일화들

보모·유치원 교사
[보모]

왕자·왕녀의 양육을 도맡은 나인 중의 총책임자

보모(保姆) 상궁은 왕자·왕녀의 양육을 도맡은 나인 중의 총책임자로, 동궁을 비롯하여 각 왕자녀궁에 1명씩 있었어. 『경국대전(經國大典)』과 『대전회통(大典會通)』에 따르면, 궁중에서 왕자녀의 양육과 교도(敎導)를 맡은 궁녀, 또는 남의 자녀를 길러주는 여인이라고 나와.

고대 중국에서는 여러 첩 가운데 한 사람을 택하여 보모로 삼았지. 보모의 자격은 반드시 너그럽고 인자하며, 공경하고 조심하며 말수가 적어야 한다고 했어. 세자의 경우 양육을 맡은 궁녀가 10명은 되지만 보모라고 일컬어지는 궁녀는 보모 상궁과 부보모 상궁 두 사람뿐이었어. 이들은 교대로 격일 근무했는데, 한 사람은 생활 전반을 보살펴주는 자모(慈母)의 소임을 했고, 다른 한 사람은 엄하게 했지. 보모는 유모보다 지위는 낮았으나, 아보지은(阿保之恩)이라 하여 죽으면 극진한 제수를 내리고 지문(誌文)을 써준 사례가 많아. 고려·조선시

백십이 보모(保姆)·유치원 교사 (뜻도 모르고 자주 쓰는 우리말 어원 500가지, 2012. 1. 20., 이재운, 박숙희, 유동숙)

대에는 정5품 상궁(尙宮) 이하의 궁인직(宮人職)이었어.

이 어휘의 생성 시기는 『경국대전』이 시행된 1485년, 『경국대전』은 조선이 개국하면서 꾸준히 편찬 작업에 들어가 1481년에 마지막으로 설치한 감교청(勘校廳)에서 5차 『경국대전』을 완성했고, 다시는 개수하지 않기로 하고 1485년 1월 1일(음력)부터 시행했어. 『대전회통』은 1865년 고종 2년 영의정 조두순, 좌의정 김병학이 편찬한 법전이야.

개화기 이후에는 유치원 교사나 아동 복지 시설 종사자를 가리켰어.

유치원 교사가 세계 최초로 생긴 것은 독일의 프리드리히 프뢰벨(Friedrich Fröbel, 1782~1852년)이 1837년에 세운 유치원〔Kindergarten〕과 같은 시기야. 우리나라에서는 유치원 보모 양성기관이 1915년 이화학당 내에 최초로 개설 했어. 이후 이화보육학교로 이름을 바꾸었다가 1941년에 폐교되었지.

보모라는 명칭은 처음 생긴 독일에서 'Tagesmutter'라고 해. 우리나라에서는 1990년 이후 '유치원 교사' 혹은 '보육 교사'라는 이름이 이를 내신하면서 2000년 이후에는 보모라는 명칭이 잘 쓰이지 않게 됐어. 좋은 말임에도 불구하고, 여스승이란 뜻의 모(姆)가 식모(食母), 유모(乳母)와 같은 모(母)로

우리말 여성어휘와 그와 관련된 일화들

오해된 탓이 있어.

다만 외국의 경우 유치원 교사와 보모의 역할이 서로 다르기 때문에 번역서 등에서는 여전히 쓰이고 있어 아직 사어(死語)로 보기는 어렵기도 해.

색주가
[色酒家]

색주가는 1450년(세종 32년)에 만들어졌어. 주로 사신으로 명나라에 가는 벼슬아치들을 위하여 주색을 베푸는 곳으로 쓰였어. 홍제원(弘濟院)에 집단으로 색주가가 있었다고 해. 그러다가 조선 후기에 와서는 값비싼 기생집에 가지 못하는 부류들이 주로 이용하는 싸구려 술집을 가리키는 말로 변용이 돼.

색주가 [色酒家] (뜻도 모르고 자주 쓰는 우리말 어원 500가지, 2012. 1. 20., 이재운, 박숙희, 유동숙)

우리말 여성어휘와 그와 관련된 일화들

수청들다
[守廳-]

높은 벼슬아치 밑에 있으면서 뒷바라지를 하는 것

일종의 비서(秘書) 업무와 비슷한 개념으로 고려 문종 때에는 팔관연등회(八關燃燈會)에 여악(女樂)을 베푼 것이 관기(官妓)의 시초라고도 해. 여악은 후에 창기희(唱技戲)로 발전하여 조선시대에 들어와 많은 관기가 생겨 태조가 개경(開京)에서 서울로 천도할 때 많은 관기가 따라갔어. 조선시대의 관기 설치 목적은 주로 여악(女樂)과 의침(醫針)에 있었지. 관기는 의녀(醫女)로서도 행세하여 약방기생, 또는 상방(尙房)에서 침선(針線, 바느질)도 담당하여 상방기생이란 이름까지 생겼으나 주로 연회나 행사 때 노래·춤을 맡아 했고, 거문고·가야금 등의 악기도 능숙하게 다뤘어.

관기는 지방 관아에도 딸려 지방관의 위락(慰樂)의 대상이 되기도 했어. 여기서 바로 관기들이 지방관에게 성을 상납한다는 의미로 '수청 든다'는 말이 생겨났어.

백십육   수청들다 [守廳-] (뜻도 모르고 자주 쓰는 우리말 어원 500가지, 2012. 1. 20., 이재운, 박숙희, 유동숙)

행주치마
[행주치마]

**행자가 부엌일을 할 때 작업용으로
치마 같은 천을 허리에 두른 것**

조선, 1517년(중종 12년) 때 생겨났어. 행주치마가 권율 장군의 행주대첩(1593년)에서 나왔다는 설이 있는데, 이는 행주라는 고장 이름에 연관 지어 후세 사람들이 지어낸 민간어원이야.

기록에 의하면 행주대첩 훨씬 이전인 중종 12년(1517년)에 발간된 『사성통해(四聲通解)』에 나오고, 1527년에 나온 『훈몽자회』 등 여러 문헌에도 기록이 나와. 지금이나 그 당시나 '행주'는 그릇을 씻어서 깨끗하게 훔쳐내는 헝겊이었으므로, 행주치마는 부엌일을 할 때 치마를 더럽히지 않으려고 앞에 두르는 치마를 가리키는 말이었어.

이밖에도 행주치마의 유래에 대해선 다음과 같은 얘기도 전해지고 있는데 제법 그 개연성이 있다고 할 수 있어. 불법에

우리말 여성어휘와 그와 관련된 일화들

귀의하기 위해서 절로 출가를 하면 계(戒)를 받기 전까지는 '행자'라는 호칭으로 불려. 수행승인 행자가 주로 하는 일이 아궁이에 불 때고 밥 짓는 부엌일이었어. 행자가 부엌일을 할 때 작업용으로 치마 같은 천을 허리에 두르고 했는데 그것을 '행자치마'라 했다고 했어. 여기서 나온 말이 바로 오늘날의 '행주치마'라는 얘기야.

행주치마는 『사성통해』에 등재된 것을 기원으로 보아 이 책이 발간된 1517년으로 잡고 있어.

남귀여가혼

[남기여가혼]

신랑이 신부 집에 가서 혼례를 치르고 신부집에서 혼인생활을 시작하는 한국의 전통적 혼인방식

'남귀여가男歸女家'란 남자가 여자집에 의탁한다는 의미야. 신랑 집에서 혼례를 치르고 신랑 집에서 혼인생활을 시작하는 '고례古禮'인 친영혼에 대칭된다는 의미에서, 당시에 흔히 '속례俗禮'로 칭해졌지. 서류부가혼壻留婦家婚·데릴사위혼·솔서혼率壻婚 등으로 부르는 연구자도 있어. 데릴사위라는 용어는 진秦의 췌서제贅壻制에서 유래한 것으로, 『한서漢書』 「가의전賈誼傳」에 "진나라 사람은 부유한 집 아들이 장성하면 분가해나가고, 가난한 집 아들이 장성하면 데릴사위로 나간다[出贅]"라고 한 데서 비롯되었어. 조선시대 문집에서 자주 언급 된 진췌秦贅·췌랑贅郞·췌서贅壻·췌객贅客 등은 모두 남귀여가혼男歸女家婚에서의 데릴사위를 지칭하는 것이다. 1920년대 전후하여 성행한 것으로 알려진 함경도와 평안도 지역의 혼인풍속인 솔서혼도 데릴사위혼의 일종이라 할 수 있어.

남귀여가혼 [贅婿婚] (한국일생의례사전) 백십구

우리말 여성어휘와 그와 관련된 일화들

남귀여가혼은 그 기원이 고구려의 [서옥제](/topic/서옥제)壻屋制로 추정돼. 『삼국지』 「위서魏書 동이전東夷傳」에서는 고구려의 혼속婚俗으로 서옥제의 내용에 대해 "혼약이 이루어지면 신부 집 뒤에 작은 집을 지어 '서옥'이라 칭하는데, 신랑이 저녁에 문밖에서 2~3번 간청해서 승낙을 받은 후 서옥으로 가며, 아이를 낳아 장성하면 부인과 함께 집으로 돌아가."라고 소개하고 있어. 서옥제의 가장 중요한 특징은 후대의 '남귀여가혼'에서와 같이 여자 집에서 성혼하고 혼인생활을 시작한다는 점이야. 그러나 서옥제와 남귀여가혼은 혼인 후의 거주방식에서 결정적인 차이가 있었어. 서옥제가 혼인 후 일정 기간 처가에 머물다 마침내 남편 쪽으로 거주지가 정해지는 부처혼夫處婚이었다면, 남귀여가혼은 혼인 초기를 지난 후의 거주지가 남편의 집으로 고정되지 않았다는 점에서 서로 달랐어. 고려시대는 물론이거니와 조선시대에 들어와서도 신랑이 신부 집에서 평생 사는 경우, 상당한 시일이 흐른 후에 부인과 함께 돌아가거나 분가해 나가는 경우 등 다양한 거주형태가 나타났어. 손자가 생긴 후에도 처가에 머무는 경우나 아예 처가가 있는 고장을 자손 대대의 삶의 터전으로 잡는 경우까지 있었어.

남귀여가혼은 친영혼親迎婚과 달리 여러 날에 걸쳐 혼례를 진행했어. 성혼 첫째 날에는 신랑이 자신의 아버지나 큰아버지 등을 상객上客으로 동반하여 저녁 무렵 신부 집에 도착하면, 이때 신부 집에서 성찬을 차려 신랑 측의 손님을 대접하며 신랑은 별다른 의식을 치르지 않고 신부와 동침했지. 이것이 가능했던 것은 당시에는 상견례 이전의 납채·납폐의 절차로 이미 성혼에 준하는 권리와 의무가 부과되는 등 법적·사회적으로 부부로 공인되었기 때문이야. 둘째 날에는 신부집의 친척과 신랑의 친구 및 기타 많은 하객에 대한 잔치를 벌였어. 셋째 날에는 신랑과 신부가 비로소 상견례를 치렀어. 이때 교배례交拜禮에 이어 표주박잔으로 함께 합환주를 드는 합근례合巹禮, 함께 음식을 드는 동뢰연同牢宴 등이 시행되는데, 성혼 3일 만에 부부가 비로소 대면하여 음식을 함께 든다는 의미에서 이를 '삼일대반三日對飯'이라고도 칭했어. 이상과 같은 절차가 모두 끝나면 날을 잡아 신부가 시부모를 찾아뵙는 의식인 현구고례見舅姑禮를 치렀는데, 이는 시집에서 살기 위해 들어가는 신행의 현구고례와는 별개의 의식이었어.

남귀여가혼은 조선에 들어오면서 친영혼의 강력한 도전을 받게 돼. 조선을 건국한 사대부들이 성리학 이념에 따라 새로운 사회적 기틀을 마련하고자 하면서 『주자가례朱子家禮』에 의거해 혼인을 모두 친영례에 의하도록 하는 방안이 마련되었기 때문이야. 그러나 친영은 전통적 혼속을 인위적으로 바꾸는 데 대한 반발로 제대로 시행되지 못했어. 국가와 일부 사대부가 민간의 반대를 무릅쓰고 친영례를 시행하려 하였던 것은 속례인 남귀여가혼의 절차가 성리학적 질서에 어긋난다는 점 때문이었지. 처방거주妻方居住를 전제로 하고, 성혼일

우리말 여성어휘와 그와 관련된 일화들

에 동침부터 먼저 한 후 혼례 3일째 되는 날에야 상견례를 한다는 점이 친영혼에 비해 무례하게 비쳤던 거야. 그럼에도 민간에서 남귀여가혼이 끈질기게 계속된 이유는 거주제의 변화에 따라 생활양식 자체를 바꾸는 데서 오는 어려움과 거부감이 작용했던 것으로 보여. 또한, 고려시대 이래 남녀균분상속에 의한 경제적 지원이나, 사위에게 아들 못지않은 혜택을 주었던 음서제 등도 전통적 혼인제를 뒷받침하는데 적지 않은 역할을 하였던 것 같아. 이러한 여러 가지 요인 때문에 친영혼을 솔선수범 해야하는 성리학자들도 속례인 남귀여가혼의 혼인방식을 고수했어. 조선 전기 대표적 성리학자인 김종직金宗直을 비롯해, 정여창鄭汝昌·김굉필金宏弼·이황李滉·류성룡柳成龍 등의 가문 연고지로서 외가·처가·처외가 등이 내세워진 것도 남귀여가혼의 혼인방식 아래에서 가능한 것이었어.

친영례 시행이 여의치 않자 친영례를 강요하는 대신 삼일상견례만이라도 당일상견례로 바꾸려는 움직임이 명종대를 전후하여 일어나게 됐지. 이러한 움직임을 주도하였던 사람은 서경덕徐敬德과 조식曺植이었어. 당일상견례는 중종대中宗代에 서경덕 아들의 혼인에서 처음 시행된 이후 명종明宗·선조대宣祖代를 거치며 조식·이황 등의 자녀들이 혼인할 때에도 적용되기에 이르렀어. 남귀여가혼의 혼인절차 일부를 수정한 당일상견례가 어느 정도 사족들에게 수용되기 시작하자, 이에 고무된 일부 인사들이 좀 더 친영제에 가깝게 하고

자 명종대에 명일현구례를 첨가해서 반친영을 주창하였지만, 널리 수용되지 못했어. 명종대 이후 일반 사서인의 혼례는 전통적 남귀여가혼의 절차를 일부 수정해서 당일상견의 절차를 수용한 남귀여가혼이 주류를 이루게 했어. 전기 이래 끈질기게 친영례 시행을 시도하였던 사대부는 친영의 요건 중 당일상견례만을 시행해서, "사정私情을 앞세우고 예의는 뒤로한" 삼일상견례의 '무례한' 제도를 고치는 것으로 만족할수밖에 없었어. 명종대에서 인조대仁祖代 사이에 발간된 문집들에서 당일상견의 절차를 밟은 다음 거주지를 처가로 택하는 사례들이 적지 않게 보이는데, 이를 일컬어 '시속時俗'·'속례'·'속제俗祭'라고 칭했던 사례가 자주 나타날 수 있었던 것도 그러한 흐름을 반영한 것이었어. 당일상견의 절차를 수용한 새로운 남귀여가혼은 중종대에 서경덕이 처음으로 시행한 이후 조선 중기를 지나며 새로운속례(이하 신속례新俗禮)로 널리 수용됐어.

신속례의 성립으로 친영제를 도입하려는 성리학자들의 노력이 사라지게 된 것은 아니었어. 17세기 예학의 심화와 함께 고례의 시행이 다시 화두로 등장했어. 거주제를 일단 논외로 하는 것은 반친영과 다름없으나, 반친영과는 전혀 다른 방식으로 친영제의 요소를 좀 더 보강하려는 새로운 시도가 인조대 무렵 나타났어. 신랑집과 신부 집 사이에 임시로 관소館所를 마련하여 혼인의식을 진행한 '가관친영례假館親迎禮'가 그것이야. 가관친영례는 의례 자체가 가진 문제와 시행상

우리말 여성어휘와 그와 관련된 일화들

의 문제 등 다양한 측면에서 문제점을 내포하고 있어서 인조대부터 50여 년간 호서 사림을 중심으로 시도되다가 중단되고 말았어. 이후 변형된 형태로라도 친영례를 시행하려던 사대부들의 노력조차 중단되고 신속례로서의 남귀여가혼이 조선 후기 혼례의 주류가 되었으니, 이러한 사실은 실제 사례를 통해서도 확인돼. 18세기에서 20세기에 걸친 사대부의 문집이나 일기 등에, 신부 집에서 혼인 당일에 상견례를 한 후 신랑은 본가와 처가를 오가나 신부는 1~2년 자신의 집에서 머물다 시집으로 가는 사례가 간혹 보이기도 해.

결국, 조선사회는 건국 이후 왕실부터 일반인의 혼례에 이르기까지 일관되게 친영례를 시행하려 진력하였으나, 왕실을 제외한 일반인의 혼례에서는 반친영이나 가관친영 등 변형된 형태의 친영례조차 조선 후기까지 끝내 정착시키지 못했어. 전통적인 남귀여가혼을 약간 변형한 신속례를 받아들이는 것으로 타협할 수밖에 없었던 거야. 비록 혼례 후 친정에 머무는 기간이 점차 축소되는 경향은 엿보이지만, 전통적인 남귀여가혼의 끈질긴 잔존을 확인할 수 있어. 한편, '친영'을 시행해야 한다는 조선사회의 강박의식은 친영이라는 용어의 남발을 초래하여 마치 친영혼이 정착된 것과 같은 착각을 불러일으키기도 했어. 조선 후기에 당일상견한다는 점에 초점을 맞추어 남귀여가혼조차 친영이라 부르거나, 일본강점기에 '신랑이 신부를 맞이한다'는 어의에만 초점을 맞추어 신랑이 '신부 집에 (혼례를 치르기 위해) 가는 것'을 친영이라 부르게 되었는데, 이는 친영제 본래의 의미를 상실한 거야.

남귀여가혼은 거주방식이 처처혼妻處婚과 유사하다. 그러나 신혼기간 외에 전 혼인생활을 처가 또는 처가 근처에서 영위하는 것을 원칙으로 하지 않는다는 점과 자식이 처가의 친족에 편입되지 않는다는 점에서 차이가 있어. 또한, 혼인절차에서 상견례 전에 부부가 동침한다는 점과 혼인 후 상당기간 신부가 신랑부모를 뵙는 정식 절차를 갖지 않는다는 점도 특기할만해. 남귀여가혼은 중국 문화의 막대한 영향 속에서도 한국 고유의 문화를 유지하는 데 적지 않은 역할을 했다는 점, 신랑이 신부의 부모·형제·자매를 비롯한 처가 식구와 돈독한 관계를 갖게 되어 가부장적 질서 속에서도 여성의 권리와 지위 유지에 상당한 도움이 되었다는 점에서 나름의 의의를 찾을 수 있어.

우리말 여성어휘와 그와 관련된 일화들

상속제도
[상속쩨도]

일정한 친족관계가 있는 사람 사이에 한 쪽이 사망하거나 법률상의 원인이 발생하였을 때 재산적 또는 친족적 권리와 의무를 포괄적으로 계승하는 제도

상속은 그 대상에 따라 가계를 계승하는 것과 망자의 재산을 상속하는 두 종류가 있어. 가계계승은 중국의 영향을 받아 초기부터 적장자단독승계법제가 확립됐어. 그러나 법제와는 달리 제자녀윤회봉사 등의 관습이 존재했지. 『주자가례』에 따른 적장자단독봉사는 조선 후기에 사회에 확산했어. 이는 일제강점기를 거쳐 호주상속·승계로 이어졌고, 2005년 민법개정으로 2008년에 폐지됐어. 그 결과 가계계승은 법적 제도로는 이 땅에서 사라졌지. 재산상속은 초기부터 존재했어. 조선시대에는 제자녀균분상속이 관습이었지. 이는 조선 후기 제사승계의 중시와 향촌사회에서 가문이 중요해짐에 따라 제사를 주재하는 장자우대상속으로 정착했어. 이러한 관습은 일제강점기에 더욱 강화해. 1958년 제정된 민법에서도 호주상속인을 우대했지. 이는 1977년과 1990년의 개정을 거쳐 남녀균분상속으로 회귀했어.

상속의 역사적 변천

고대의 상속

우리 전통사회의 상속제도는 크게 보아 제사승계(祭祀承繼)와 재산상속으로 나눌 수 있어. 제사의 영속성을 보장하기 위해서는 가산(家産)의 영속성이 반드시 수반돼야 해. 이 둘은 불가분의 관계에 있어. 제사승계는 조상숭배에 바탕을 두고 있는데, 이는 영혼불멸의 관념과 내세(來世)도 현세(現世)와 이어진다는 계세사상(繼世思想)에 근거하고 있어. 즉, 조상의 영혼에 대한 공양을 태만하면 자손을 해치며 반대로 성의껏 공양하면 수호하는 종교적 관념에서 나온 거야. 이러한 관념에서 순장(殉葬)과 부장(副葬)이 있었지만 점차 사라졌어.

조상숭배관념도 강해서 고구려나 백제도 시조묘(始祖廟)를 세웠어. 고구려의 신대왕 때 국상(國相)이 죽자 7일간 파조(罷朝)해서 후장(厚葬)하고 수묘(守墓)를 위해 20가를 두었어. 신라에서도 남해왕 때 시조묘를 세우고 소지왕 때 수묘이십가(守墓二十家)를 더 뒀고, 지증왕 때 상복법(喪服法)을 반포하고, 혜공왕 때에 오묘(五廟)를 세웠대.

삼국시대 초기에 왕위의 부자계승이 확립된 것은 가계계승에 반영했고, 일반 평민도 마찬가지로 다분히 가부장적인 가족제도를 취하고 있었어. 조상의 제사는 자기의 혈통을 이은 자손에 의해 이뤄져야 한다고 생각했대. 이러한 의식은 유교

우리말 여성어휘와 그와 관련된 일화들

의 수용과는 관계가 없는 것이며, 우리 고대인들은 고유 신앙으로서 계세사상과 조상숭배신앙을 가지고 있었어. 이후 유교가 수용됨에 따라 왕이나 귀족층에서 그러한 사상에 유교적 형식을 조금씩 갖추기 시작한 거야.

재산상속도 사료의 빈곤으로 정확한 내용은 알 수 없지만, 말과 소 등 중요한 재화에 대한 사유재산이 인정되었으므로 재산상속도 인정되었을 거야.

고려시대의 상속

제사승계

고려시대는 당(唐)의 제도를 모범으로 했으므로 상례·제례에 관해서도 유교전통을 집대성한 당제(唐制)를 수용했고, 유교의 영향을 강하게 받았어.

태조 때는 사친(四親)을 추존(追尊)했지만, 대묘(大廟)를 세우지는 않았어. 992년(성종 11) 비로소 오묘(五廟)를 정해서 대묘를 세워 유교적 의례를 표방했어. 민간에서는 집에 신사(神祠)를 세워 이를 위호(衛護)라 했지. 또 문종(재위 1046~1083) 때에는 관리들이 혼당(魂堂)을 세워서 부조(父祖)를 봉사했다고 하지만, 무속이나 불교의식에 의했을 가능성이 커.

유교식의 상제는 고려 말에 성리학과 『주자가례(朱子家禮)』가 전래돼 보급되기 시작했어. 1390년(공양왕 2)에 이르러 '입묘봉사제도(立廟奉祀制度)'가 공포했는데, 대부(大夫) 이상은 3대, 6품 이상은 2대, 7품 이하와 서인(庶人)은 부모만을 봉사하고, 가묘(家廟)를 세워 기제(忌祭)를 비롯해 절사(節祀)를 받들도록 했지. 또 사대부가제의(士大夫家祭儀)를 제정해서 모든 의식은 한결같이 『주자가례』를 기준으로 하게 했어. 그러나 가묘제는 제대로 시행되지 못했고, 유교식 상제와 복제도 일부 유가(儒家)에서만 시행되었을 뿐이야.

가계계승(家系繼承)은 입사(立嗣)라는 용어로 불리며 상속법을 이뤘어. 왕위계승에 관해서는 「훈요십조(訓要十條)」에서 '장자계승'을 원칙으로 해. "장자, 차자(次子), 차자가 적격자가 아니면 그 형제의 집안에서 적격자를 세우도록 하라"고 했어. 이것은 민간에도 영향을 끼쳤을 거야. 일반 백성에 적용할 입사법은 1046년(정종 12)에 시행됐는데, 그 순위는 ①적장자, ②적장손, ③적중자(嫡衆子), ④적손의 동모제 및 첩손, ⑤서자, 즉 첩자, ⑥외손자 순이었다. 이를 보완한 1068년(문종 22) 제정된 법에 의하면, 아들이 없는 자는 형제의 자, 즉 친조카를 입양해야 하고, 친조카도 없는 경우는 타인의 3세 전의 기아(棄兒)를 수양(收養)해서 계후(繼後)할 수 있는 것으로 했지. 외손자가 없으면 ⑦조카〔姪〕, ⑧수양자의 순위로 돼. 공음전시(功蔭田柴)는 5품 이상의 관리에게 수여했는데, 이는 적장자우선이 아니라 직계남자손, 사위, 친조카,

우리말 여성어휘와 그와 관련된 일화들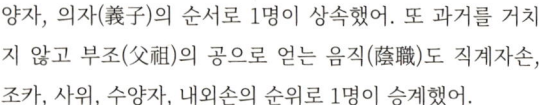

양자, 의자(義子)의 순서로 1명이 상속했어. 또 과거를 거치지 않고 부조(父祖)의 공으로 얻는 음직(蔭職)도 직계자손, 조카, 사위, 수양자, 내외손의 순위로 1명이 승계했어.

고려 입사법의 특색은 부계혈족이 없는 경우 외손이 사손(嗣孫)이 될 수 있고, 이성(異姓)인 수양자에게도 계사(繼嗣)자격을 인정했어. 따라서 고려의 입사법은 가통을 계승하는 승가계통(承家繼統)이지 봉사(奉祀)와 종통(宗統)을 계승하는 승사계종(承祀繼宗)이 아니었어.

재산상속

재산상속은 단행왕법으로 규정했고, 일반적으로는 관습법에 따랐어. 상속에 관한 분쟁이 있는 경우 재판에서는 관습법을 승인 또는 수정함으로써 판례법이 형성되었을 것으로 보여.

고려시대나 조선시대에는 부모가 생전에 유산을 분재하는 생전분재(生前分財)가 원칙이었어. 그렇지 않거나 누락재산이 있는 경우에는 부모 사후에 자손이 분재하는 것이 관습이었거든. 조상으로부터 물려받은 상속재산인 조업(祖業)은 자손에게 전해야 하며, 이를 함부로 다른 사람에게 처분하는 것은 불효로 규정하여 법으로 금지했어. 그래서 상속재산을 가업(家業), 가산(家産), 재산(財産), 재(財) 등이라고 했어.

『고려사』 형법지 호혼조(戶婚條)의 "조부모·부모의 생존시에는 자손은 호적을 달리하고 분재〔別籍異財〕할 수 없고, 이를 위반하면 도(徒) 2년, 복상(服喪) 중에 별적이재하면 도 1년에 처한다"는 규정은 당률(唐律)의 영향을 받은 것이다. 이는 이상법에 불과하였을 뿐 실효성이 없었어.

상속인의 순서와 범위는 다음과 같아. ①직계자녀, 딸도 출가 여부를 불문하고 아들과 함께 상속했지. 자녀가 사망한 경우는 손자녀가 대습상속(代襲相續)했어. 자녀에는 수양자녀(收養子女)·시양자녀(侍養子女)도 포함됐어. ②자손이 없는 경우의 배우자인 남편 또는 아내인데, 아내의 유산은 남편이, 남편의 유산은 아내가 개가(改嫁)하지 않을 것을 조건으로 모두 종신(終身) 동안 상속하며, 사망 전에 계후자(繼後子)나 수양자녀·시양자녀를 입양하면 이들이 상속하나, 그렇지 않은 경우는 남편과 아내의 유산으로 분리되어 각자의 본족(本族)이 상속했어. 본족은 사손(使孫)이라고 하는데, 조부를 공통조상으로 하는 4촌 이내의 자손을 말해. 사손, 즉 상속인이 없으면 유산은 국가에 귀속됐어.

상속재산은 토지·노비·가옥과 동산(動産)이며, 가장 중요해 분쟁이 많았던 재산은 노비였어. 원칙적으로 남녀균분상속이었지만, 토지에 대해서는 전시과(田柴科)제도와 관련해서 이론이 있기도 해. 1046년(정종 12)의 판(判)에 '제전정연립(諸田丁連立)'의 규정인데 전정(田丁)은 앞서 서술한 입사법(立嗣法)과 완전히 같은 순위 즉, 적장자를 우선하도록 규정하

우리말 여성어휘와 그와 관련된 일화들

고 있어. 이에 대한 학설은 토지는 적장자와 판(判)에서 규정한 순서에 따라 단독 상속 했는데, 고려 중기에 전시과체제의 붕괴와 농장(農莊)의 성립·확대 그리고 토지의 경제적 가치의 증가 등으로 토지의 사적소유가 확산됐으며, 드디어 고려 말의 과전법(科田法) 하에서 분할상속이 공인됐다고 주장했어. 반대 학설은 고려시대는 초기부터 토지사유제가 확립되어 토지도 자녀균분상속제였으며, 위 판(判)의 규정은 일반 토지가 아닌 국가로부터 지급되는 토지인 전정(田丁)의 상속순위에 관한 법적 규정일 뿐이라고 해.

균분의식이 전제가 된 균분상속제도는 물론 국가가 보장했어. 부모가 생전분재를 할 경우에도 심히 차별할 수 없었고 사후분재인 경우도 마찬가지였지. 고려 말에 이르면 불균분상속 때문에 분쟁이 폭주해서 따로 임시재판 관청을 설치했고, 그렇지 않은 경우에 '고관평분(告官平分)'하는 것은 실효성 있는 법이자 관습이었지.

조선시대의 상속

제사승계

-개념: 고려말 『주자가례』의 수용에 따라 종법(宗法)에 입각한 제사승계제도와 가계계승제도가 확립했어. 이에 따라 적서종지(嫡庶宗支)의 명분이 강화되고 남계혈족인 종자종

손(宗子宗孫)이 승계했어. 승중(承重), 승조(承祖), 승가(承家), 계사(繼嗣), 계후(繼後), 입후(立後), 봉사(奉祀)는 모두 제사승계와 동시에 선대(先代)의 인격·신분을 승계했어. 제사승계 외에 가장권·호주권의 승계라는 관념이 없는 것이 우리나라 신분상속의 특징이었어.

-제향선조(祭享先祖):『경국대전』예전(禮典) 봉사(奉祀)조에 문·무관 6품 이상은 3대, 7품 이하는 2대, 서인(庶人)은 단지 부모〔고비(考妣)〕만을 봉사하도록 규정했어. 하지만 조선 중기 이후『주자가례』에 따른 사대봉사가 일반적이야.

-제사승계인:
(1)제사는 남자 1인이 단독으로 승계했는데, 그 순위는 「예전」봉사조와 입후(立後)조에 규정돼 있어. 순위는 우선 제향자의 ①적장자 및 적장손, ②중자 및 적장손, ③적장자의 첩자 및 첩장손이며, 이들이 모두 없으면 제향자의 아우에게로 승계되어 위와 같은 순서로 승계되며, 양첩자가 천첩자보다 우선했어. 이는 사당에 조상의 신주를 모시는 차례인 소목(昭穆)에 맞게 함으로써 세대적 계통을 중시했어. 고려와 다른 점은 적장자의 후손이 적장자의 적제(嫡弟)보다 우선하고, 외손과 이성양자(異姓養子)의 계후자격을 박탈해서 적계(嫡系)주의를 강화한 점이 있어.

적장자일지라도 불구, 불효, 불충 등 제사승계를 할 수 없는

우리말 여성어휘와 그와 관련된 일화들

사유가 있으면 그 자격을 박탈했는데, 이를 '폐적(廢嫡)'이라고 해. 이는 법에는 없으나 18세기 중엽까지는 관습으로 존재했어. 폐적은 1473년(성종 4)부터 관의 허가를 받도록 해서 사당에 고했어. 폐적되면 장자는 중자의 지위로 떨어지고 차적(次嫡)봉사를 하거나 입양했어.

위의 원칙에도 불구하고 실제로는 다음과 같은 문제점이 있었지.

(2)형망제급: 봉사조에는 장자가 무후(無後)이면 중자가 승계하도록 했는데, 이를 형망제급(兄亡弟及) 또는 이종(移宗)이라고 해. 이는 입후가 보급되면서 사라졌고 다만 장자가 미혼으로 사망한 경우에 나타났어. 초기에는 장자가 첩자와 독립하여 일파〔별종(別宗)〕를 이룰 때 존재하기도 했지.

(3)첩자: 첩자의 법적·사회적 지위는 봉사조에 따르면 중자 다음에, 입후조에 따르면 계후자보다 우선으로 제사를 승계했어. 제사의 사후봉양적 성격을 강조해서 16세기 중엽 명종대에는 친조카가 있는 경우에만 입후를 허용하고 그렇지 않은 경우에는 금지하였지만, 가문을 중시함에 따라 후기에는 첩자가 있어도 입후해서 제사를 승계하는 예가 일반적이었지. 후기에는 제사승계를 둘러싼 적서분쟁에서는 대개 서자가 패배했어.

(4)무후가(無後家) : 제사를 승계할 후손이 없는 경우에는 입후를 하는 것이 원칙이었어. 그렇지만, 자기의 노비와 토지로 사후봉양을 위탁하는 묘직봉사(墓直奉祀)의 관행이 법적으로 허용됐지. 또 맏며느리인 총부(冢婦)가 남편 사후에 남편을 대신해서 제사를 승계하는 관습이 있었지만, 가묘 소재 가사의 상속과 관련해 입후해서 제사를 승계함에 따라 사라졌어.

(5)입후: 친자가 없는 경우에 기혼의 장남은 제사승계를 위해 소목지서, 즉 항렬이 맞는 동종(同宗), 즉 부계혈통의 후손을 입후를 할 수 있었어. 다만 생가의 장자나 독자는 입후할 수 없었지만, 후대에는 대종, 즉 큰집을 우선하여 호적을 위조해서라도 장자나 독자를 입후했어. 입후는 양가(兩家)의 부모가 함께 했고, 부 사후에는 모가 사후양자(死後養子)를 했지. 후기에는 부모가 모두 사망한 경우에도 문장(門長)의 신청으로 사후양자를 허용했어. 입후는 예조의 입안을 받아야 완성했어. 입양의 요건에 위배되거나 일방의 의사로 한 경우에는 파양(罷養)할 수 있는데, 이를 파계(罷繼)라고 했어. 입후 후에 생가(生家)가 무후로 되면 파계하고 양가(養家)에서 재입후를 허용했어. 만약 양가의 부모가 모두 사망해서 재입후를 할 수 없으면 양자가 생가의 제사까지 모셨는데, 이를 겸조(兼祧) 또는 생양가기봉사(生養家奉祀)라 했어. 입후 후에 친자가 출생한 경우에는 초기에는 파계하고 양자를 친가로 보냈어〔파계귀종(罷繼歸宗)〕. 그러나 명분(名分)과 의리(義理)

우리말 여성어휘와 그와 관련된 일화들

의 친자관계를 맺는 입후에 대한 이해를 함에 따라 파계하지 않고 나이가 어린 친자가 장자로 제사를 승계하게 했고, 마지막으로 양자가 장자로 제사를 승계하게 했지. 그러나 실제로는 파계하고 정의에 대한 보답으로 재산을 증여하는 것이 관례였어.

현실에서 적합한 양자를 얻기 어려운 경우에는 일단 형제를 입후한 후 그의 아들을 입후하고 원래의 양자는 파양하는 차양자(次養子)와 손자 항렬자를 입후하되 형식적으로는 죽은 그의 부(父)를 입후하는 백골(白骨)양자 또는 신주(神主)양자의 관습도 있었어.

(6)이성봉사: 고려시대와 달리 부계혈통의 후손이 아닌 외손이나 이성양자가 들어오는 것은 조선시대에는 금지했어. 하지만 외손이나 수양자나 시양자가 제사를 모시는 관습은 여전히 존재했다. 특히 상민층에서는 더욱 그러했어. 이는 제사승계가 가계계승이 아닌 사후봉양, 즉 향화(香火)를 받드는 것으로 인식하였음을 반영하는데, 정부에서도 그러한 관습을 인정하여 법외계후등록(法外繼後謄錄)에 정리했어.

-제사승계의 효과: 제사승계인은 종통(宗統)을 계승하고 제사를 주재하므로, 주사인(主祀人), 주사손(主祀孫)이라고 해. 그 결과 족보, 제구(祭具), 사당(祠堂)이 있는 가사(家舍), 그리고 봉사비용을 위한 봉사조(奉祀條)인 토지·노비를 승계했

어. 봉사조 재산은 봉사라는 특정목적을 위안 재산이므로, 제사승계인은 관리·사용·수익권만 있고 처분권은 없으며, 모든 자손들로 구성되는 문중·종중의 총유적(總有的) 재산이었지. 그러나 가문의 위상이 중시됨에 따라 종손이 우대해서 봉사조 재산을 종존이 단독으로 소유하는 예도 있게 됐어. 종손의 사회적·경제적 위상과 관계없이 종손은 가문의 대표자로 우대를 받았어.

재산상속

『경국대전』 형전(刑典) 사천조(私賤條)에서 노비의 상속에 대해 세밀하게 규정하고 있으며, 이는 토지 등 다른 재산에도 적용됐어.

-개념: 상속재산은 조상으로부터 물려받은 것으로 '조업'이라고 했어. 조선은 가산제(家産制)가 아니므로 부와 모의 재산은 각자의 고유재산으로, 상속될 때에도 구분돼서 부변(父邊)전래, 모변(母邊)전래 등으로 표시했어. 상속재산은 우리 고유용어로 '깃〔衿〕'으로 표현하였는데, '깃'은 "남긴다"는 고어인 "기티다"에서 나온 것이며 '몫'으로도 사용됐어. 고려와 마찬가지로 생전분재가 원칙이어서, 부모가 생전에 연로하였을 때나 자녀의 혼인, 과거급제 등 수시로 분재를 했어. 그때마다 상속문서인 분재기(分財記)를 작성했고, '허여(許與)'라고 했어. 생전분재를 하지 않았거나 이에 누락된 재산에 대해서는 자녀들은 부모 3년 상이 끝난 후에 협의로 분재했지. 이

우리말 여성어휘와 그와 관련된 일화들

를 '화회(和會)'라고 해. 유언의 자유가 어느 정도 인정했지만, 남녀균분상속의 관습과 균분의식의 제한을 강력히 받았기 때문에 법정상속(法定相續)이라고 할 수 있어. 따라서 유류분제도(遺留分制度)는 없었어.

-상속인의 순위와 범위: 상속은 "피가 흐르는 곳에 재산이 간다"로 표현되는 혈연상속이야. 혈연상속의 예외로 제사를 지내는 자에 대해서는 '봉사조(奉祀條)'로 상속이 인정됐지. 상속인의 순서는 다음과 같아: ①자녀로서 적자녀, 첩자녀, 양자녀이며, 남녀를 차별하지 않았고 또 부모보다 먼저 사망한 자녀의 자손, 즉 (외)손자녀에게 대습상속으로 인정했어. 적자녀에는 제사를 승계하는 계후자가, 양자녀에는 3세 전의 수양자와 3세 후의 시양자가 포함했어. ②자녀가 없는 경우 생존배우자이다. 남편은 처 사후에 처의 유산을 상속한 후, 친자녀에게 다시 상속하였으며, 처는 개가하지 않으면 남편과 같았어. 하지만 배우자의 상속은 종국적인 것이 아니라 처분권이 제한된 종신수익권(終身受益權)이었어. 만약 친자녀가 없는 경우에는 그들의 본족이 상속했어. 그러나 유교가 보급되면서 제사가 중요해짐에 따라 자녀 없이 사망한 처의 재산은 그의 본족보다는 봉사자가 상속하는 경우가 후대로 갈수록 늘어났어. ③배우자나 자녀가 없는 경우에는 4촌 이내의 혈족인 본족, 즉 사손(使孫)이 상속을 하며 그 순서는 ㉠형제자매, ㉡3촌 조카, ㉢4촌 형제, ㉣3촌 숙부·숙모·고모·이모, ㉤4촌 형제자매야. ④이러한 상속인이 없으면 상속재산은 국

가로 귀속되어야 하나, 대개는 자녀가 없으면 양자를 들여 재산을 물려주거나, 마을에 재산을 귀속시켜 그 재산으로 제사를 지냈어.

-상속분: 상속분은 친자녀 여부, 자녀의 신분 그리고 제사승계의 유무에 따라 달랐어. ①적자녀 사이에는 균등했지. 다만 제사를 승계하는 승중자(承重子)는 봉사조로 1/5을 더 받았고, 또 가묘(家廟)가 있는 집과 제사용 재산을 독점적으로 상속했어. 제사는 단독으로 승계하기 때문에 제위토(祭位土)도 대개는 승중자가 관리했지. ②양첩자녀는 적자녀와 1 : 6, 천첩자녀는 1 : 9의 비율로 상속을 받았어. 하지만 실제로 부는 첩자에 대해 법정비율 이상으로 증여를 했어. 다만 적자가 없어서 첩자가 제사를 승계할 때에는 봉사조로 2분을 가급(加給)해서 적녀와 각각 1 : 2, 1 : 3의 비율이었어. 적자녀가 없는 경우에는 양첩자녀와 천첩자녀는 4 : 1의 비율로 상속을 받았어. 제사승계인에 대한 봉사조는 적자와 같았지. ③적모와 혈연관계가 없는 양첩자녀는 전체의 1/7, 천첩자녀는 노비 3구 이내에서 1/9을 상속하고 승중첩자에게는 각각 2분을 가급했지. 나머지는 적모의 본족이 상속했어. ④전모(前母)·계모(繼母)와 후처·전처의 자녀는 혈연이 없는 의자녀(義子女)로 원칙적으로 상속을 할 수 없었어. 다만 전모 등에게 자녀가 없으면 의자녀는 본족과 1 : 4의 비율로 상속했고, 승중의자는 1 : 1로 상속했지. 또 자녀가 있어도 부의 승중의자는 자녀와 1 : 8의 비율로 상속했어. ⑤자녀가 없을 때 수양자녀는

우리말 여성어휘와 그와 관련된 일화들

친자녀와 같았고, 시양자녀는 전체의 1/6을 상속받았고, 나머지는 본족이 상속했어. 적자녀가 있으면 각각 1 : 6, 1 : 9로, 양첩자녀와는 6 : 1, 천첩자녀와는 3 : 2, 수양자녀와 시양자녀는 6 : 1의 비율로 상속을 받았어. 계후자는 친자와 같게 상속하였으며, 환관(宦官)이 환관을 양자녀로 하였으면 수양자와 동일하게 상속했어.

-남녀균분상속의 보장: 위 '사천조'의 상속규정은 고려시대 이래의 관습을 성문화한 것으로 실효성이 있었어. 그러나 부모 생전에 허여로 차등이 있었지만, 심하지는 않았어. 만약 유언으로 타인에게 증여한 경우에는 '난명(亂命)'으로 그 효력이 부정됐어. 사후에 화회의 경우에 노비는 성별, 연령, 건강상태 그리고 토지는 지목(地目), 거리, 비옥도 등을 고려한 실질적인 균분이었어. 불균분을 이유로 한 소송에서는 '관작재주(官作財主)'라 해서 관에서 직접 분재를 했지. 또 상속재산이 침해된 경우에는 5년의 제소기간(提訴期間)에 구애받지 않고 제소할 수 있었어. 이는 후에는 30년으로 제한됐어. 균분상속은 이처럼 의식과 제도에 의해 강력하게 보장받았어.

유교의 확산과 상속의 변화

『경국대전』에는 제사의 적장자단독승계를 규정했지만, 실제로는 아들과 딸들이 돌아가면서 제사를 거행하는 제자녀윤회봉사(諸子女輪回奉祀)가 관습이었고, 이는 종손이 5대조 이상의 시제(時祭)만을 담당하고, 부모나 조부모의 제사는 형제자매들이 돌아가면서 윤번제로 봉사했어. 이는 시집살이가 아닌 처가살이를 하는 혼속과 남녀균분상속을 바탕으로 하고 있어.

이러한 상속의 변화는 16세기 중엽, 반친영제(半親迎制)가 보급되면서 근저에서 변화가 일어나기 시작했어. 반친영제로 내외관념(內外觀念)이 생기게 되고 이에 따라 친조부와 외조부를 차별하고 이는 제사에 그대로 반영됐지. 그 결과 딸들과 외손은 봉사에서 배제되면서 그 반대급부로 재산상속에서 차별을 받았어. 이에 따라 남녀차등상속·제자(諸子)윤회봉사가 성립했어. 윤회봉사는 주제자(主祭者)가 확정되지 않았기 때문에 제사를 소홀히 할 우려가 크며 또 제사에는 경제적 부담이 상당했어. 그래서 주제자인 장자를 상속에서 우대하면서 제사를 전담하도록 하는 방향으로 전개됐어. 이에는 『경국대전』에 1/5로 규정된 봉사조를 활용했어. 그 결과 장자우대상속·장자단독봉사가 성립했어. 지역과 가문에 따라 다르지만 이러한 장자 중심의 상속·봉사는 16세기 중엽에 그 단초가 보이기 시작해 17세기말 18세기초에 일반적인 것으로 됐어.

이러한 변화의 일면에는 지역에서 양반사회의 분화와도 일정한 관련이 있어. 조선 후기에는 입향조(入鄕祖)를 중심으로 하는 동성(同姓)촌락이 확산했어. 지역에서 가문의 위상은 입향조의 현양(顯揚)과 직결되었고 이는 종손의 경제적 규모에 따라 좌우됐어. 그렇기 때문에 남녀균분상속은 더 이상 유

우리말 여성어휘와 그와 관련된 일화들

지되기 어려웠고, 그 결과 주제자인 종손이 재산을 단독 내지 우대상속하여 가문의 경제력을 유지해서 가문의 위상을 높일 수 있었어.

일제강점기의 상속

상속법의 법원
조선총독부는 1912년 「조선민사령(朝鮮民事令)」을 공포하여 식민지 조선에서 법원(法源)을 확립하였는데, 원칙적으로 일본민법을 의용(依用)하면서도 급격한 친족상속관습의 변화는 조선인의 저항을 야기할 것을 우려해서 친족상속에 대해서는 조선의 관습을 법원으로 인정했어(제11조). 이후 「조선민사령」을 개정하여 상속의 승인이나 상속재산의 분리 등 상속에 관한 기술적인 규정은 의용을 확대했어. 그 이외의 분야에는 관습이 법원이었어. 상속에 대한 분쟁을 해결하기 위해 통감부시기부터 전국에 걸쳐 관습조사를 해 『관습조사보고서』를 간행했고, 조선총독부 취조국(取調局), 중추원(中樞院) 등에서 지속적으로 관습을 조사했어. 이러한 관습은 최종적으로 조선고등법원의 판결로 확립했어.

상속의 종류
제사승계와 재산상속 외에, 별도로 호주 지위의 승계인 호주상속제도(戶主相續制度)를 인정했어. 그러나 봉사(奉祀)는 제사자로 된다는 뜻에 불과하고 호주제도가 확립됨에 따라,

1933년 3월 3일의 조선고등법원 판결은 "제사승계의 관념은 선대(先代)를 봉사하며 조상의 제사를 봉행하는 도의(道義) 상의 지위를 승계하는 것에 불과하다"고 판시했어. 이때부터 제사승계는 법외(法外)의 관습으로 방치되고, 그 기본적 원리를 호주상속에 적용함으로써 상속은 호주상속과 재산상속의 두 종류가 됐지. 따라서 일반적으로 호주상속인이 제사자로서의 지위도 승계하는 것으로 했지만, 호주로서 지위의 승계가 반드시 제사자로서 지위의 승계를 수반하는 것은 아니었어. 이에 따라 예외 없이 호주의 지위를 승계함과 동시에 호주가 소유했던 전 재산도 함께 상속하는 일본의 가독상속(家督相續) 원리가 이식될 가능성이 있게 됐어. 이는 해방 후 상속법의 기본 틀이 됐지.

상속의 개시

①호주상속은 호주의 사망, 호주의 출계(出繼), 즉 본가(本家)상속, 호주의 파양, 여호주가(女戶主家)의 입양, 여호주가의 남자출생, 여호주(女戶主)의 출가(出嫁), 여호주의 거가(去家), 차양자(次養子)의 남자출생, 차양자가 호주 가(家)에 입양된 경우에 개시했어. ②재산상속은 호주상속의 원인이 발생해 호주상속과 동시에 개시되는 경우와 가족의 사망, 가족의 파양의 경우와 같이 호주상속과 별도로 개시되는 경우로 나뉘게 됐어.

상속관습법의 변용

우리말 여성어휘와 그와 관련된 일화들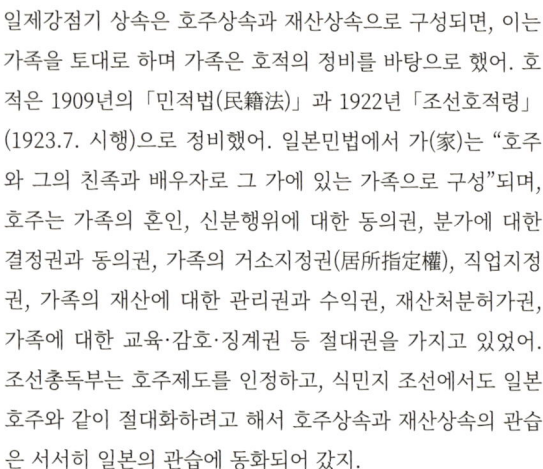

일제강점기 상속은 호주상속과 재산상속으로 구성되면, 이는 가족을 토대로 하며 가족은 호적의 정비를 바탕으로 했어. 호적은 1909년의 「민적법(民籍法)」과 1922년 「조선호적령」(1923.7. 시행)으로 정비했어. 일본민법에서 가(家)는 "호주와 그의 친족과 배우자로 그 가에 있는 가족으로 구성"되며, 호주는 가족의 혼인, 신분행위에 대한 동의권, 분가에 대한 결정권과 동의권, 가족의 거소지정권(居所指定權), 직업지정권, 가족의 재산에 대한 관리권과 수익권, 재산처분허가권, 가족에 대한 교육·감호·징계권 등 절대권을 가지고 있었어. 조선총독부는 호주제도를 인정하고, 식민지 조선에서도 일본 호주와 같이 절대화하려고 해서 호주상속과 재산상속의 관습은 서서히 일본의 관습에 동화되어 갔지.

승려
[승녀]

불교의 출가 수행자

현대 국어의 여성 명칭 외할머니, 외삼촌 외숙모, 여교사, 여검사, 여의사, 여교수 등은 현대 사회가 부계중심, 남성 중심의 사회임을 잘 말해준다고 생각해. 하지만 고려시대 말, 조선시대 초에는 여성 명칭어에서 단어 앞에 '여자'라고 덧붙였던 점을 발견할 수 없다는 것은 당시에 남성과 여성의 역할 분담이 확실했다는 것을 말해줘. 당시의 사회가 부계중심이 아니었다는 점을 짐작해볼 수 있어. 여자 승려의 명칭이 여승이 아닌 '승'이였다는 점만 보아도 당시 사회에서 여성의 위치가 어떠했는지를 짐작할 수 있어. (남자 승려는 '즁'이라고 불렀어.)

우리말 여성어휘와 그와 관련된 일화들

독녀
[동녀]

현재의 비혼, 미혼, 독신 여성들

   조선시대에는 '나이 들었으나 남편과 자식이 없는 여자들'은 '독녀'라는 이름으로 묶여서 관리 했어. 현재의 비혼, 미혼, 독신 여성들이야. 그녀들은 유교 국가에서 왕이 백성이 잘 다스리고 있음을 보여주기 위해 특별하게 배려해주어야 하는 대상이었어. 하지만 그 구분이 모호하기도 했지. 승정원 일기에 따르면 독녀들은 20대, 30대의 젊은 나이인 사람들도 많았으며, 반드시 가난하고 의지할 데 없는 존재가 아니기도 했어. 불쌍하고 약한 존재가 아닌 과도하게 자기 이해에 밝고, 국가의 금제를 어기고, 왕에게 거침없이 격쟁하는 등 '외람'된 행동을 했다는 기록이 많아. (이하생략) 그녀들은 의지할 곳 없이 가난하고 불쌍한 존재여야 하는데 실상 기와집을 소유하고 있기도 하고, 노비를 거느리기도 했어.

독녀와 관련된 일화

 검녀에 등장하는 몸종의 사연도 독녀와 관련지어 생각해볼 수 있어. 검녀에 등장하는 양반집 딸은 부모의 원수를 갚은 뒤에 자결하기 전에 그 몸종에게 이런 말을 남겼어. "나를 묻은 다음에 나라를 두루 돌아다녀 보아 뛰어난 선비를 택하여 그의 처나 첩이 되어라. 너역시 기이한 포부와 걸출한 기상이 있는데 어찌 평범한 남자에게 머리를 숙이고 고분고분 살겠느냐?"그리고 이후에 그 몸종은 장안의 기사라고 소문 난 소옹천을 찾아가 스스로 소실[첩]이 돼. 하지만 그녀는 그 인물이 전혀 자신의 배필이 될 만하지 않다고 스스로 판단해서 스스로 떠나기로 해. 그리고 소옹천에게 이렇게 말을 해요.
"

선생이 기사가 못 되는 줄 알면서도 억지로 모신다면 나 자신의 소망을 저버리는 것이고, 아울러 소저(양반의 딸)의 당부를 어기는 것입니다. 나는 내일 새벽에 떠나겠습니다. 먼 바다와 조용한 산에서 노닐렵니다. 남장을 그대로 두었으니 가뿐히 갈아입고 나설지라, 어찌 다시 여자로서 음식을 장만하고 바느질하는 일에 얽매어 지내겠습니까.

그리고 자신의 검술을 보여준 뒤에, 이튿날 새벽에 남장을 하고 떠났어. 이야기는 "아득히 그 행방조차 알 수 없었다"라고 마무리 돼. 행방을 알 수 없는 그녀가 또 다른 남자들 만났을 것 같지는 않아. 아마도 어딘가에서 '독녀'로 살아갔을 것으로

우리말 여성어휘와 그와 관련된 일화들

생각이 들어. 그녀는 스스로 혼인의 경계를 넘어든다. 남자를 골라 그의 첩이 되는 길을 선택해. 첩이 된 뒤에 다시 그를 떠나기로 결정하기도 하고. 어차피 정실부인도 아니었기에 이혼도 아니다. 혼인을 했었기에 처녀도 아니고 남편이 죽은 것이 아니므로 과부도 아니야. 그녀들을 어떤 범주 속에 묶어내기 어려워. (이하 생략)

출처
「조선왕조실록 朝鮮王朝實錄」
「승정원일기 承政院日記」
「대전회통 大典會通」
「수교정례 受敎定例」
「대명률직해 大明律直解」 (법제처, 1964)
「경상도단성현호적대장 慶尙道丹城縣戶籍大帳」

안동권씨성화보

[안동권씨성화보]

1476년(성종 7) 간행된 안동 권씨(安東權氏)의 족보로 3책. 목판본. 당시에는 중국의 연호를 사용하고 있었는데, 성화연간에 만들어진 것이라 해서 성화보라 부르며, 현전하는 우리나라 족보 중 가장 먼저 편찬됐지.

이 책은 조선 초기에 의정부좌찬성과 예조판서를 지낸 바 있는 권제(權踶)가 중국의 ≪소씨보 蘇氏譜≫를 모방해서 편찬한 것을 아들 권람(權擥)이 자료를 수집해서 보완했지만, 일을 마치지 못하고 죽자, 권제의 생질인 대제학 서거정(徐居正)이 상주판관 박원창(朴元昌)과 대구부사 최호원(崔灝元)의 도움을 받아 다시 편집, 교열한 뒤 1476년 경상감사 윤호(尹壕)를 시켜 안동부에서 간행했어.

그 뒤 1919년 경상북도 안동의 안동 권씨 능동재사(陵洞齋舍)

우리말 여성어휘와 그와 관련된 일화들

에서 목판본으로 중간되고, 1929년 다시 석인본으로도 중간 됐어. 서거정은 서문에서 이 책을 간행한 뜻을 밝혔지. 옛날 중국에는 종법(宗法)이라는 것이 있어 소목(昭穆)의 순서를 정하고 적손(嫡孫)과 지손(支孫)을 구별하여 백세(百世)가 지나도 그 관계를 분명하게 밝힐 수가 있었는데, 대가 멀어지고 자손이 번성하자 국가에서 이를 관장할 수 없어 이 법을 폐지했어.

그 뒤 자기의 가계는 스스로 밝혀야 된다는 주장으로 이 보첩 제도가 생겨났어. 이는 조상을 찾아 조상으로 섬기고 친척과 타인을 구별해 친목을 두텁게 하는 데 그 목적이 있다. 또한, 수(隋)·당(唐) 이후에는 국가의 기관으로 도보국(圖譜局)을 설치하여 관리를 두고 문서를 제작해서 혼인의 사실과 과거의 급제, 천거 등을 모두 기록하여 정사에 참고하게 한 것이 보첩의 시초야.

우리 나라에는 예로부터 종법도 없고 보첩도 없어서 겨우 몇 대만 지나면 조상의 명호를 잊어버린 것이 예사로 되어 있어 친족과 조상을 존경할 수 있는 근거를 잃어버렸어. 이렇게 해서는 효제(孝悌)를 권장하고 예속(禮俗)을 성취시키고자 해도 불가능했기 때문에 이 보첩을 만들게 됐지.

그러나 이미 소원한 상계(上系)에 있어서는 참고할 문헌이 있는 것만 찾아서 기재하고, 참고할 수 없는 것은 요약해 사실만을 기재했고, 대수가 멀지 않아서 근거가 있는 것은 모두 찾아서 기재하였다."고 했어.

이 책에는 모두 약 9,000명의 인물이 등재돼 있는데, 본손뿐만 아니라 외손까지도 가계를 자세히 기록하고 인적사항을 명기했어. 이러한 점에서 이 족보는 만성보(萬姓譜)와 같은 성격을 지니고 있다고 볼 수 있어. 또, 이 책은 후기 족보체제와 다른 몇 가지 중요한 특성을 가지고 있는데, 대개 조선 초기 여성의 위치를 살펴볼 수 있어.

첫째, 자녀를 기재하는 데 있어서 선남후녀(先男後女)로 하지 않고 그 출생순위에 따라 기재하고 있어. 조선 초기에는 유학사상이 지배적이지 못하였기 때문에 남존여비의 관념이 적었던 데에서 비롯된 거야.

둘째, 딸을 기재할 때 오늘날과 같이 여(女)자 밑에 바로 서(壻)라 쓰지 않고 여부(女夫)라 쓴 다음에 사위의 성명을 썼어. 오늘날의 족보 기재상의 문제점으로서 여 밑에 바로 사위의 이름을 써서 딸의 이름으로 오인하기 쉬울 뿐만 아니라 딸을 천시하는 경향이라 볼 수 있는 점과 대조적이야.

셋째, 딸이 재혼하였을 경우 후부(後夫)라 해서 재혼한 남편의 성명도 기재하고 있음을 볼 수 있었어. 이 책에는 전부(前夫)·후부로 구분하여 기록한 사실이 14개소에 나타나 있어.

우리말 여성어휘와 그와 관련된 일화들

넷째, 외손도 본손과 같이 편찬 당시까지 대를 이어서 전부 기재돼 있어. 그 밖의 특징으로 볼 수 있는 것은 가족관계에 있어서 지금처럼 사속(嗣續)을 중요시하지 않았다는 점이 있어. 자녀가 없는 사람은 이름란 밑에 '무후(無後)'라고 기재했고, 양자한 사실은 단 한건도 찾아볼 수 없어.

경우에 따라서 무후라는 표시도 하지 않고 자녀 란을 공란으로 비워둔 곳도 있는데, 이는 아마 자녀가 있어도 소재와 내력이 불분명했거나 그렇지 않으면 자녀를 둘 가능성이 있었기 때문이라고 추측돼. 또한, 특이한 것은 자녀를 모두 적자녀로 인정한 것인지는 확실하지 않으나 서자녀의 표시가 한 곳도 없었어.

이 책보다 90년 뒤에 만들어진 문화 유씨(文化柳氏)의 ≪가정보 嘉靖譜≫에는 외손을 기재할 때 사람마다 성과 이름을 동시에 기재해서 문화 유씨가 아닌 타성임을 분명히 밝히고 있지만, 이 책에서는 사위만 성을 기재해서 타성임을 표시하고 외손은 이름만을 기재해서 외손도 자손임을 내포하고 있지.

또한, 안동 권씨의 본손과 인척관계의 결연으로 이루어진 외손을 상세히 기재하고 있지. 태조로부터 1481년(성종 12)까지 91년간에 치른 과거 74회에 걸쳐 급제한 사람의 수가

1,794명이었는데, 이 중 ≪성화보≫에 등재된 인물이 901명으로 전체의 51%를 차지하고, 그 중 고위관원으로 등용된 사람이 거의 70%에 이르지.

관직의 명칭도 조선 초기에는 고려의 관명을 답습한 것이 많았지만, 국가가 안정되고 제도가 정비됨에 따라 명칭을 변경했는데, 각 인물마다 당시의 관명으로 기재하고 있어서 관명의 변천사항을 연구하는 데 참고자료가 될 수 있어. 또 규장각도서에 귀중본으로 지정돼 있어.

우리말 여성어휘와 그와 관련된 일화들

노비종모법
[奴婢從母法]

조선시대 노비 소생의 신분과 역(役) 및 주인을 결정하는 데 모계(母系)를 따르게 한 법

조선 후기 양인이 감소해 보다 많은 양인이 필요하게 되자, 아버지가 노비신분이고 어머니가 양인인 경우 그 자녀는 어머니 신분을 따라 양인화한 제도지.

원래 고려에서는 노비는 노비끼리만 혼인하도록 규정돼 있었어. 자연히 그 자녀도 노비신분을 이어 받았어. 그러나 현실적으로 양천교혼(良賤交婚)이 생겨나게 됐고, 이에 따라 노비 소생의 신분과 역(役) 및 주인을 결정하는 기준으로 어머니 쪽을 따르는 제도가 생겨났지. 특히 아버지가 양인이고 어머니가 노비인 경우 자녀도 어머니의 신분을 따라 노비가 되게 해서 양인의 증가를 억제했어. 이를 고려에서는 천자수모법(賤者隨母法)이라 했어.

이에 따라 노비의 숫자가 증가하는 반면에 양인의 숫자가 크

게 감소하게 되자, 조선 초에는 군역 부담자의 감소라는 문제가 발생했어. 그런데 당시에 아내가 양인인 경우보다 남편이 양인인 경우가 많았으므로, 1414년(태종 14) 양인을 증가시키려는 방법으로 종부법(從父法)을 시행하여 많은 노비 소생을 양인으로 삼아 양인의 수를 늘렸어.

그 후 이에 따른 폐단이 생겨나면서 시행과 폐지에 대한 논의가 거듭되다가, 1432년(세종 14)에 폐지하고 종모법을 시행했지만, 세조 때는 몇 가지 예외규정 외에는 다시 부모 가운데서 한쪽이 노비이면 모두 노비가 되도록 해서 《경국대전》에 법제화가 된 거야.

조선 후기에 이르러 양천교혼이 더욱 확산되었으며 또한 양인의 수가 부족하게 되면서 사회 문제로 떠올랐지. 노비신분의 남편과 양인 출신의 부인이 결합하는 경우가 많이 발생하면서, 1669년(현종 10)에 서인(西人)은 양인 증가책의 일환으로 종모법을 도입해 자녀를 양인으로 삼았어. 그러나 남인은 이를 반대했고, 이 문제는 서인과 남인 정권이 교체될 때마다 번복됐지. 그러다가 1731년(영조 7)에 최종적으로 양인인 모계를 따라 그 자녀를 양인으로 삼을 것을 확정해서(종모법) 양인의 수를 확보하려고 노력했어. 모계 신분을 따른다고 하더라도 고려시대의 천자수모법과 조선후기의 노비종모법은 반대의 상황이며 반대의 목적을 가져.

여성 의복과 관련된
우리말 어휘

여성의복과 관련된 우리말 어휘

장옷
[장옷]

조선시대에 부녀자들이 외출할 때 내외용(內外用)으로 머리부터 내리쓴 옷

장의(長衣)라고도 해. 보통 초록 바탕에 흰색 끝동을 달았고 두루마기와 비슷해. 조선 전기에는 남자들이 겉옷[袍]으로 착용했어. 《세조실록(世祖實錄)》에 보면, 세조 2년 3월 양성지(梁誠之)의 상소에 따르면 "대개 의복이란 남녀 귀천의 구별이 있는 법이어서 하민들이 마음대로 할 수 없는 것이다. 지금 여인들은 남자와 같이 장의 입기를 좋아하고, 혹 의상(衣裳) 사이에 입어 3층을 이루며, 이런 풍습이 거국적으로 퍼지는 것은 사문(史文)에서 말한 복요(服妖)이니 금하자"고 했어. 그리고 조선의 역대 왕이 죽었을 때 소렴(小殮)·대렴(大殮)·실재궁(實梓宮) 의대(衣襨) 목록에 많은 수량의 장옷을 사용한 것이 실록에 기록됐어. 이러한 사실로 미루어 도포 등과 함께 남자의 포(袍)로 조선 후기까지 사용한 장옷을 언제부터인지 여자들의 쓰개용으로 사용했어. 조선 후기에는 의복의 간소화와 더불어 남자의 포는 두루마기 한 가지만 남

장옷 (두산백과)

고, 장옷은 여자의 전용 쓰개가 되었지. 장옷의 형태는 두루마기와 거의 같으며, 다른 점은 소매 끝에 흰색 끝동을 넓게 댔고, 옷깃·옷고름·겨드랑이에 대는 삼각형의 무를 옷색 또는 다른 색으로 대었어. 장옷의 색은 기록에 의하면 분홍·보라·초록·유록색·옥색·남색·황토색·흑색 등이 사용됐어. 그러나 조선 후기의 여인들의 내외용 쓰개로 사용한 장옷은 주로 초록 무명이나 명주였고 안은 흰색으로 하였다. 깃의 형태는 좌우가 대칭이며, 앞은 맞대어 맺음단추를 달았어. 이중 고름(홍색과 자주색)이 양쪽에 달려 있어 손으로 잡아 아무리는 거야.

여성의복과 관련된 우리말 어휘

쓰개치마
[쓰개치마]

조선 중기 이후 양반층 부녀자가 사용한 내외용 쓰개

형태는 보통 치마와 같은 것으로 끈이 달려 있어. 주름을 겹쳐 잡고 치마허리는 얼굴 둘레를 감싸 턱 밑에서 맞물려질 정도의 길이야. 재료는 옥색 옥양목이나 명주로 만들었으며 계절에 따라 겹으로 하거나 또는 솜을 둬서 사용했어. 그래서 흔히 옥색 옥양목치마를 걸어두었다가 문 밖에 나갈 때 손쉽게 쓰기도 했어. 착용 법은 머리에 쓰고 얼굴을 치마허리로 감싸며 속에서 손으로 앞을 여미어 잡는거야.

쓰개치마 (한국민족문화대백과, 한국학중앙연구원)

두루마기
[두루마기]

한국 복식에서 외출할 때 가장 위에 입는 옷

주막의(周莫衣)·주차의(周遮衣)·주의(周衣)라고도 한다. 양쪽 어깨 밑이 터져 세 폭이 따로 도는 창의(氅衣)와 달리 옷 전체가 돌아가며 막혀있는 형태로, 명칭은 '막혀있다'는 의미의 '두루막이'에서 비롯됐어. 사대부는 집에 있을 때에도 두루마기나 창의를 입는 것을 예의로 삼았고, 외출할 때는 위에 중치막·도포를 입었어. 중치막·도포의 착용이 허락되지 않은 상민 계급만 창의·두루마기를 웃옷으로 입었어. 1884년(고종 21) 복제 개혁에 따라 종래의 웃옷인 창의·도포·중치막 등이 폐지되자 두루마기가 웃옷으로 유행했어. 어린이들도 예를 갖추어야 할 때는 두루마기를 입는데, 모양은 성인용과 같으며 돌이나 명절에는 까치두루마기나 오방장(五方丈)을 입었어. 일반적으로 뒷길·앞겉길·앞안길·소매·겉섶·안섶·동정·깃·옷고름·안옷고름 등으로 구성되고, 긴고름과 짧은고름 두 가닥으로 앞가슴에서 맺어 왼쪽으로 고를 내어 착용해. 종류

여성의복과 관련된 우리말 어휘

는 백이두루마기·홑단두루마기·겹두루마기·솜두루마기 등이 있으며 계절에 맞추어 입어. 옷감은 겨울용에는 명주·모직·무명·옥양목·부사견을 주로 쓰고, 봄·가을용에는 명주·항라·옥양목을, 여름용에는 모시·생모시·항라 등을 쓰며, 빛깔은 일반적으로 백색을 많이 쓰나 회색·고동색도 쓴다. 오늘날에는 여러 가지 모양의 두루마기가 있어.

마고자
[마고자]

저고리 위에 덧입는 맞깃형의 웃옷

마고자의 기원에 대해서 일반적으로는 1887년 흥선대원군興宣大院君(1820~1898)이 만주 보정부保定府에서 풀려 나올 때, 청淸의 복식이었던 마괘馬褂를 입고 온 것에서 유래되었다고 알려져 있어. 그렇지만 우리나라에는 흥선대원군 이전에 이미 저고리 위에 덧입었던 마상의馬上衣가 있었어. 이와 관련된 문헌을 살펴보면, '마괘자馬褂子'라는 명칭이 조선 후기 홍명복洪命福 등이 편찬한 『방언유석方言類釋』(1778년) 「복식류服飾類」에서 등장해. 여기에서 마괘자를 '마샹에 닙 쟈른 웃옷'이라고 해석했어. 이유원李裕元(1814~1888)의 『임하필기林下筆記』(1871년) 권32에는 "'단괘短褂'를 '마괘'라고도 하는데 말을 탈 때 입는 옷으로, 옛날의 반비半臂처럼 소매 길이가 반팔인 것이 마괘이고 소매가 없는 것은 배자背子라고 하였다."라고 기록했어. 이를 통해 마고자가 마괘 혹은 마괘자에서 온 명칭이라는 것은 분명해 보여.

[한국민족문화대백과사전]

여성의복과 관련된 우리말 어휘

현존하는 유물 중 이와 같은 설명에 부합되는 옷은 출토유물인 방령의方領衣로 추정돼. 단국대학교 석주선기념박물관과 이화여자대학교박물관 등에 소장된 방령의는 앞보다 뒷길이가 짧으며 네모난 깃이 맞깃 형식이야. 소매도 비교적 짧은 편이다. 방령의가 출토되는 것은 주로 임진왜란 전후의 시기야. 방령은 조선 말기에 들어와 네모난 깃의 모서리가 둥글게 변화해 배자의 깃과 같은 모양으로 변화했고, 나중에는 아예 깃을 달지 않은 양식으로 전개되면서 오늘날의 마고자로 정착했어.

마고자는 저고리와 비슷하지만 앞 중심선에서 단추로 여미도록 된 것이 차이점이야. 오늘날에는 마고자에 깃을 달지 않지만 조선 말기의 유물 중에는 숙명여자대학교박물관 소장의 아청색 도류불수 보문단 마고자처럼 배자 깃 같은 모양의 깃을 단 마고자도 있어.
남자 마고자는 위아래로 달린 단추 두 개를 맞은편 단추 고리 사이에 끼워 넣어 고정해. 마고자 단추의 재료로는 은과 마노, 호박 등이 즐겨 사용되었어. 반면 여자의 마고자는 원삼 단추와 유사하게 국화무늬나 박쥐무늬를 넣은 암수 단추를 좌우에 달아 여미는 거야.

마고자는 남녀노소 누구나 입을 수 있지만, 일반적으로 남성들이 저고리 위에 착용하는 것이었어. 그러나 구한말 사진을 보면 포 위에 착용한 경우도 있어서 특별한 원칙은 없었던 것으로 보여. 여성의 마고자는 개성 지방에서 애용되었다고 하며, 대체적으로 남부 지방보다는 추운 겨울을 나야 하는 중부 이북에서 더 많이 착용된 것으로 보여. 하지만 멋을 위해서 봄가을에도 마고자를 입기도 했어. 고려대학교박물관에서 소장 중인 은조사로 된 여성용 마고자 유물은 이 같은 사실을 뒷받침해 줘. 어린이 마고자는 소매를 색동으로 하여 입었어.

여성의복과 관련된 우리말 어휘

가체머리
[가체머리]

상투가 풀리지 않게 꽂는 물건.

가체머리는 고려시대 중기 원나라에서 온 가체 양식이 여인들 사이에서 크게 유행했어. 조선시대에 들어오면서 명제 궁양의 수식을 받은 가체로 고대(高大)해지기 시작했어. 조선시대 부녀자들은 조선 중기까지 궁중에서 일반 서민 부녀자들에 이르기까지 모두 가체로 꾸민 머리 형태를 즐겼어.

조선시대 머리 양식에서 자주 논의되는 것이 '체계 양식'이라 할 수 있는데, 체계는 가체로 꾸미는 것으로 자기 머리카락과 함께 다리, 다래, 월자, 차, 수체, 달비, 체자를 넣어 덧붙여 꾸미는 것으로 가체에 소용되는 비용이 과하여 가체 하나의 값이 20냥(당시 황소 한 마리 값)에서 중인 열 집의 재산을 넘는 고가로 사회경제에 많은 영향을 미쳤어. 가체의 풍습은 신라 때에도 있었는데 가체를 몽고(蒙古) 풍속에서 온 것이라고 보는 이유는 고대의 몽골에도 우리와 같이 가체의 풍습이 있었

가체머리 (역사로 본 전통머리, 2010. 9. 6., 박정자, 조성옥, 이인희, 강덕녀, 김윤선, 김현미, 강지수, 박연숙)

기 때문이야.

조선시대에는 가체가 부녀자 머리 모양의 절대적인 조건이 되었고 영조(英祖) 때를 전후하여 크게 성행했어. 그러나 가체의 사치가 극도로 심해짐에 따라 1788(정조 12)년 10월 국법으로 금하는 한편, 사대부 처첩 이하의 결발(結髮) 양식도 제정했어.

정조는 조부(祖父)인 영조의 정책을 답습하려고 노력했어. 영조가 부녀 발제를 개혁하려다 실패한 경험이 있었던 만큼 신중을 기했어. 영조 25년에 얹은머리 제도를 내놓았는데 이조참판 홍봉한은 얹은머리는 많은 비용이 들어 파산 지경까지 이르니, 이것을 금한다면 곧 사치를 금하는 것이 돼 백성들의 짐을 덜어 줄 것이라고 대답했어. 여자들이 얹은머리를 하는 데 쓰는 다리(가발)는 천민이나 죄수의 모발을 잘라서 했고, 머리를 한 후 여러 가지 보석을 꽂았어.

여성의복과 관련된 우리말 어휘

노리개
[노리개]

상투가 풀리지 않게 꽂는 물건.

다채로운 색상과 귀한 패물을 사용해서 단조로운 우리 나라 의상에 화려하고도 섬세한 미를 더해주는 물건이야. 노리개는 조선시대 여성의 장신구로서 전시대(前時代)에 많이 애용하던 목걸이나 귀걸이가 쇠퇴한 대신 가장 다양하게 발달한 장신구라 할 수 있어.

이것이 언제부터 패용(佩用)되기 시작하였는지는 알 수 없지만 신라 때 요대에 달던 요패나, 고려 때 포(袍)에 매던 허리띠에, 금방울 [金鐸] 또는 향료를 넣은 금낭(錦囊)을 차던 풍습이 조선시대에 이르러 고름이나 치마허리에 차는 노리개로 전환된 것이 아닌가 추측돼.

노리개는 띠돈 [帶金] · 끈 [多繪] 및 주체가 되는 패물(三作 또는 單作) · 매듭 [每緝] · 술 [流蘇] 등으로 구성돼. 띠

돈은 주체가 되는 패물을 연결한 끈을 한 곳에서 정리하기 위해 만든 고리로 고름에 걸게 돼 있어.

재료로는 금·은·백옥·비취옥·금패·산호(珊瑚) 등을 사용하고, 형태는 정사각형·직사각형·원형·화형(花形)·나비형·사엽형(四葉形) 등으로 만들었어. 화문(花紋)·쌍희자문(雙喜字紋)·용문·불로초문 등의 길상문양을 장식했어.

주체가 되는 패물은 한 개 또는 세 개를 다는데, 한 개로 된 노리개는 단작(또는 외줄)노리개, 세 개가 한 벌로 된 노리개는 삼작노리개라 했어. 매듭은 주체를 중심으로 상하에 있어 주체를 보다 아름답게 보이게 하기 위한 장식의 구실을 하는 것이며, 그 밑에는 술이 달려 있어.

매듭과 술은 홍·남·황의 삼원색을 기본색으로 해서 분홍·연두·보라·자주·옥색 등을 사용하지. 그 크기는 노리개에 다는 패물의 크기와 형태에 따라 달라진다. 노리개에 사용된 술의 종류로는 딸기술·봉술·끈술·방울술이 있어.

일반적으로 노리개 위쪽의 다양한 매듭부분은 짧은 저고리의 길이와, 휜칠하게 드리운 술부분은 긴 치마길이와 같은 비례를 이루고 있어. 이것은 우연히 생긴 결과라기보다는 도자기나 건축양식 또는 의상 등에서 흐르고 있는 우리 나라 고유의 특색인 선의 아름다움과 일맥상통하는 거야.

여성의복과 관련된 우리말 어휘

노리개는 다는 패물의 종류와 규모에 따라 예복용과 평복용으로 구분되고, 패물의 종류·형태, 술의 종류에 따라 다양한 종류가 있어.

재료로는 금·은·동 등의 금속류와 백옥·비취옥·자마노(紫瑪瑙)·홍옥·청강석(靑剛石)·진옥(眞玉)·금강석·공작석(孔雀石) 등의 옥석류(玉石類) 등을 사용했어. 또한 밀화(蜜花)·산호(珊瑚)·진주·금패(錦貝)·대모(玳瑁)·호박(琥珀) 등의 보패류(寶貝類), 색사(色絲)·주단(綢緞)·금은사 등도 있지.

형태에는 동자·박쥐·거북·나비·오리·붕어·매미·자라·해태 등의 동물형태와, 가지·고추·포도송이·목화송이·천도·연화·석류 등의 식물형태가 있어. 호로병·주머니·종·표주박·북·장구·자물쇠·안경집·도끼·방아다리·방울·투호(投壺)·장도(粧刀)·석등·벼루 등 생활주변에서 얻은 형태야. 또 불수(佛手)·염주(念珠) 등의 형태가 있어.

궁중에서는 가례(嘉禮)·탄일(誕日) 등 특별한 축의일(祝儀日)에는 왕비를 비롯해서 그날 참례하는 귀부인들까지 삼작노리개를 찼지. 평상시에도 왕비가 대비전에 문후를 드릴 때는 금박스란치마에 당의를 입고 삼작노리개를 찼다고 해.

또 철에 따라 오월단오부터는 백옥·비취로 된 외줄노리개를,

팔월추석부터는 삼작노리개를 찼지. 왕비만이 찰 수 있던 삼천주(三千珠) 노리개는 불교에서 말하는 삼천대천세계(三千大天世界)를 상징하는 것으로, 아주 큰 진주를 셋씩 꿰기도했지.

또, 대례복의 봉띠에 차는 대삼작노리개는 손바닥 크기가 넘는 산호가지와 백옥나비·밀화불수 등 조형미와 진귀성을 보여주는 패물들을 기품 있게 쭉쭉 뻗은 낙지발술 위에 달아 만들었어. 민간에서는 주로 은삼작을 찼어. 혼례 때 사용하고는 백지에 싸고 또 비단보에 싸서 상자 속에 간직해두었다가 친척의 혼인 때나 꺼내 쓰기도했어.

형태는 방아다리·장도·투호·박쥐·나비·호리병·주머니 등으로 세공하거나 부귀다남·불로장생 등의 글자를 투각했어. 소녀용인 소삼작이나 외줄노리개는 분홍·연두·노랑 등 좀더 화사한 빛깔이나 색동술로 된 것으로 볼 수 있어.

도래매듭·국화매듭·가지방석매듭 등을 맺고 봉술·딸기술을 쌍으로 늘였으며, 패물은 동자·탑·가지·도끼·나비·주머니·오리·호리병·고추 등의 금속세공품에 금을 올리거나 칠보를 올린 것을 사용했어.

이밖에 물소뿔·연꽃등 [蓮花燈] 의 형상 위에 불로초무늬·당초무늬·연잎무늬 등을 수놓은 수노리개가 있었어. 또한 향

여성의복과 관련된 우리말 어휘

을 꿰어 만들거나 향주머니·향갑에 담아 만든 노리개, 바늘을 담는 침낭, 장도를 달아 만든 노리개가 있었다. 이들은 장식용뿐 아니라 실용성도 겸비한 장신구였다.

즉, 향갑에 넣는 사향은 뒤뜰이나 동산을 거닐 때 뱀의 범접을 막아줄 뿐만 아니라, 그 향을 갈아 술이나 물에 타서 마시면 급한 체증에 효험이 있는 구급약품의 구실도 하였다. 장도를 달아 만든 노리개는 여성의 호신용 무기로 자결이나 적에 대항하는 데 쓰였다.

침낭도 부녀자들이 항시 사용하는 바늘을 손쉽게 찾아 사용하기 위한 것으로 실용적이던 것이 장식화된 것이라 할 수 있다. 또, 호박·금패로 된 패물을 갈아 응급용 지혈제로 이용하였다는 구전을 미루어보면, 이러한 패물을 몸에 지니는 것은 원래 사치가 아니라 부덕(婦德)의 소치였다고 할 수 있다.

궁중과 상류사회에서 평민에 이르기까지 여성들에게 애용되었던 노리개는 친가와 시부모로부터 예물로 받고 다음에는 자녀들에게 물려주었으므로 대를 잇게 마련이었고 가보로 여겨졌었다. 또한, 노리개를 패용하는 정신적인 배경에는 부귀다남·불로장생·백사여의(百事如意) 등 그 시대의 행복관을 바탕으로 한 염원이 내포되어 있었다고 할 수 있다.

뒤꽂이
[뒤꼬지]

쪽찐 머리 뒤에 덧꽂는 비녀 이외의 장식품

쪽찐 머리 뒤에 덧꽂는 비녀 이외의 장식품이야. 머리를 더욱 화려하게 꾸며주는 장식적인 것과 실용적인 면을 겸한 귀이개·빗치개 등이 있어. 일반 뒤꽂이의 대표적인 것으로는 '과판'이라 해서 국화 모양의 장식이 달린 것이 있어. '연봉'이라 하여 피어오르는 연꽃봉오리를 본떠 만든 장식이 달린 것과 매화·화접(花蝶)·나비·천도(天桃)·봉(鳳) 등의 모양을 장식한 것들도 있지. 주로 산호·비취·칠보·파란·진주 등의 보패류로 만들어서 여인의 검은 머리를 더욱 화사하고 아름답게 꾸며줬지.

조선시대의 의식 때 왕실이나 상류계급에서 큰머리나 어여머리에 꽂았던 떨잠도 꽂는 장소야 어디든지 뒤꽂이의 일종이야. 나비모양·둥근모양·사각모양 등의 옥판(玉板)에 칠보·진주·보석 등을 장식해 만든 거야.

[네이버 지식백과] 뒤꽂이 (한국민족문화대백과, 한국학중앙연구원)

여성의복과 관련된 우리말 어휘

실용을 겸한 뒤꽂이로는 빗치개와 귀이개가 있어. 빗치개는 가리마를 탈 때나 밀기름을 바르거나 빗살 틈에 낀 때를 빼는 데 필요해. 다른 화장도구와 함께 경대에 두는 것이 보통이었지만, 언제부터인가 머리를 장식하기에 알맞은 형태로 만들어서 머리 수식물의 하나로 사용하게 된 거야.

귀이개는 원래 귀에지를 파내는 기구인데, 이 것도 장식물로서 쪽찐 머리에 꽂게 된 거야. 이에는 귀이개와 함께 꽃이가 가지처럼 달린 것이 있었어.

속곳
[속꼳]

조선시대에 여성들이 치마 바로 밑에 입던 속옷

 단속곳은 오늘날의 속치마와 같은 구실을 해. 모양은 한복 바지와 비슷하며, 밑에 바지를 입고 맨 밑에 속곳을 입었어. 옷감은 겨울에는 명주·삼팔·자미사, 여름에는 모시·항라·생노방 등을 사용했지. 속속곳과 형태는 같으나 치마보다 다소 짧고 양 가랑이가 넓어 속치마 대용으로 입어. 앞 뒤 중앙에서 안쪽으로 주름을 4~5개씩 잡아서 만들고 허리를 달아.

오른쪽에 트임을 주고 앞끈을 뒤로 돌려 앞으로 오게 하고 뒤끈은 앞으로 가져다 서로 잡아매. 속속곳이란 전통복식에서 다리속곳 위에 입는 속옷을 말해. 속옷 평상복의 치마 밑에 입는 것으로서 단속곳과 바지 밑에 입었다. 단속곳과 모양이 같으나 치수가 단속곳보다 약간 작고 바대와 밑 길이가 길어. 다리속곳이 나오기 전에는 몸에 닿는 속옷으로 입었어. 옷감으로는 여름철에 바람이 잘 통하는 삼베·생모시·광당포·안동

여성의복과 관련된 우리말 어휘

포, 봄가을용으로는 숙고사·항라, 겨울용으로는 명주·단(緞)·은방견 등을 사용하며 색깔은 흰색·은색·연한 옥색 등으로 해. 만드는 데 필요한 치수는 허리둘레와 속속곳 길이야.

바느질은 ① 허리 만들기 ② 폭 잇기와 밑 달기 ③ 부리 덧단 대기 ④ 밑 바대 대기 ⑤ 배래하기 ⑥ 옆트기 박기 ⑦ 가래바대 대기 ⑧ 주름 잡기 ⑨ 허리 달기 순으로 해.

다리속곳
[다리소꼿]

여자의 옷차림에서 가장 안에 입는 아래 속옷

옛날의 여자들이 격식에 따라 옷을 차려입게 되면 그 가짓수가 매우 많아. 겉에 입는 치마를 들추어보면 받쳐 입는 속치마가 나와있어. 다시 그 속에 '단속곳'이라 하여 폭이 넓은 바지처럼 생긴 속옷을 입어. 그리고 한 겹 안에는 헐렁한 반바지 모양의 '고쟁이'라는 것을 입고, 그 속에 비로소 진짜 속옷을 입는데 이를 '다리속곳' 또는 '속속곳'이라 한다. 오늘날의 '팬티'에 해당하는 거야.

(좋은 문장을 쓰기 위한 우리 말 풀이사전, 초판 1쇄 2004., 10쇄 2011., 박남일)

여성의복과 관련된 우리말 어휘

속속곳
[속소꼳]

전통복식에서 다리속곳 위에 입는 속옷

속옷 평상복의 치마 밑에 입는 것으로서 단속곳과 바지 밑에 입었어. 단속곳과 모양이 같으나 치수가 단속곳보다 약간 작고 바대와 밑 길이가 길어. 다리속곳이 나오기 전에는 몸에 닿는 속옷으로 입었어. 옷감으로는 여름철에 바람이 잘 통하는 삼베·생모시·광당포·안동포, 봄가을용으로는 숙고사·항라, 겨울용으로는 명주·단(緞)·은방견 등을 사용하며 색깔은 흰색·은색·연한 옥색 등으로 해.

만드는 데 필요한 치수는 허리둘레와 속속곳 길이야. 바느질은 ① 허리 만들기 ② 폭 잇기와 밑 달기 ③ 부리 덧단 대기 ④ 밑 바대 대기 ⑤ 배래하기 ⑥ 옆트기 박기 ⑦ 가래바대 대기 ⑧ 주름 잡기 ⑨ 허리 달기 순으로 해.

속속곳 (두산백과)

단속곳
[단소꼳]

조선시대에 여성들이 치마 바로 밑에 입던 속옷

단속곳은 오늘날의 속치마와 같은 구실을 했어. 모양은 한복 바지와 비슷하며, 밑에 바지를 입고 맨 밑에 속곳을 입었어. 옷감은 겨울에는 명주·삼팔·자미사, 여름에는 모시·항라·생노방 등을 사용했어.

속속곳과 형태는 같으나 치마보다 다소 짧고 양 가랑이가 넓어 속치마 대용으로 입어. 앞 뒤 중앙에서 안쪽으로 주름을 4~5개씩 잡아서 만들고 허리를 달아. 오른쪽에 트임을 주고 앞끈을 뒤로 돌려 앞으로 오게 하고 뒤끈은 앞으로 가져다 서로 잡아매.

사(紗)에는 대표적인 옷감으로 숙고사·생고사·갑사 등이 있어. 일반 직물은 날실(經絲)이 평행으로 배열되면서 씨실(緯絲)이 교차하고 있는데 반해 사직(紗織)은 두 가닥의 날실이

단속곳 (e뮤지엄)

여성의복과 관련된 우리말 어휘

있어 한 가닥의 날실은 보통 직물에서와 같이 직선상으로 씨실과 교차하나, 다른 한 가닥의 날실은 규칙적으로 날실의 좌우로 왕래하면서 날실과 씨실을 얽어매고 있어. 따라서 이러한 조직은 공간이 많은 직물이 되며, 날실과 씨실이 얽혀 있으므로 실이 밀리지 않아 공간을 그대로 유지할 수 있어.

진주사라는 이름은 이와 같은 사직물이 무늬가 구슬을 늘어 놓은 것과 같다 해서 진주사라고 했어. 한복을 지어 놓으면 점잖고 기품이 나는 옷감이야. 근년에도 일부 제작되기는 하지만 한복감으로 널리 사용되지는 않아.

속바지
[속빠지]

양쪽으로 다리가 들어갈 수 있도록 가랑이가 나누어져 있는 형태의 하의(下衣)를 고의라고 해. 바지·고이 두 계통의 어휘가 있고, 한자어로는 고의(袴衣)·경의(脛衣)·각의(脚衣)로 표기해. 고이는 신라의 '가반(柯半)'·'가배(柯背)'에서 '佳觀→佳膠→佳외→고이'로 변천돼서 내려온 것으로, 여자의 고쟁이도 같은 어원으로 보고 있어.

바지는 그 어원을 알 수는 없으나, 정인지(鄭麟趾)의 '바지(把持)'라는 표기로 미루어 현재의 명칭은 이미 조선 초기에 고정된 것 같아. 또한, 조선시대 바지의 궁중용어로 '봉디'가 있고, 형태나 재료봉제법에 따라 그 명칭과 종류가 다양해.

남자의 바지는 고대에서부터 그 기본형은 변함없이 명칭만 변화되면서, 바지·고의·잠방이라고 해서 겉옷과 속옷으로 입

속바지 (e뮤지엄)

여성의복과 관련된 우리말 어휘

었어. 여자의 바지는 속옷화해서 치마 속에 입게 됐지. 여자 바지는 치마나 단속곳 속에 입는 속바지로 되어 모양이 남자 바지와 달라.

조선 후기는 관고의 밑을 따로 떨어지게 만들어 여러 계층에서 모두 입었다. 밑이 따로 떨어진 두 가랑이를 서로 겹치게 하고 끈이 달린 띠허리를 달았고, 바지부리는 좁고 배래는 곡선을 이루어져 있어.

여자의 속바지로는 바지·너른바지·고쟁이·단속곳 등이 있었어. 겨울은 명주·삼팔·자미사·호박단 등으로 솜을 두어 만들었고, 봄·가을은 숙고사·진주사 등으로 겹바지를 만들었어.

여름은 옥양목이나 모시 등으로 홑고쟁이를 만들어 입었어. 다만, 말군이 있어 상류계급의 여자들이 가례승마(嘉禮乘馬) 때나 승교(乘轎) 때 착용했어. 이는 여자들이 바지를 겉옷으로 입었던 풍습의 유래로 볼 수 있고, 이로써 귀천을 가리기도 했어. 그런데 부녀 기마의 풍습이 사라짐에 따라 그 격이 낮아져 하층계급의 격식을 갖춘 승마복이 된 듯해.

남자 바지의 모양은 폭이 여유 있게 넓고 마루폭·사폭·허리로 구성돼 있어. 몸의 허리에 띠를 매어 입고 바지부리를 발목에 대님으로 매어 입어. 조선시대 때 출토된 것 중 누비바지를 볼 수 있는데, 고대로부터 오늘날까지 그 모양의 변화가 거의 없었음을 볼 수 있어.

어린아이의 바지로 풍차바지가 있는데, 이것은 용변의 편리를 위하여 뒤를 길게 트고 양쪽에 밑을 달아 여며 입도록 된 거야.

우리나라의 바지는 고대에서 오늘에 이르기까지 우리 옷의 기본 복식으로 형태의 변화가 거의 없었다. 남자 바지는 조선시대 사폭이 조금 넓어졌다 좁아졌다 하는 정도야.

계절에 따라 옷감과 색깔, 만드는 방법이 다를 뿐이며 기본형태와 입는 방법에는 변화가 없다. 여자의 바지는 속옷화해서 조선시대는 밑이 벌어지는 형태가 되었다가, 요즈음은 다시 원래의 막힌 형태로 돌아가고 있어.

여성의복과 관련된 우리말 어휘

치마
[치마]

저고리와 함께 입는 여자의 하의

옛 문헌에는 상(裳) 또는 군(裙)으로 표현되어왔는데, 사도세자(思悼世子)의 빈인 혜경궁 홍씨(惠慶宮洪氏)의 ≪한중만록 閑中漫錄≫에 '문단(文緞)치마'가 있어, 이를 치마라 일컬어왔음을 알게 돼. 또한, ≪훈몽자회≫에서 보면, 호(縞)를 'imagefontimagefont쵸마호', 상을 '츄마샹'이라고 해.

또 ≪내훈 內訓≫에도 '치마'로 나와, 치마는 'ㅊ, ㅁ' 두 음을 가진 말임을 알 수 있어. ㅊ은 차다 [佩], ㅁ은 말다 [卷]를 나타내어 곧 차고 마는 그 형태를 표현한 것이라 하겠고, 이와 비슷한 한자 표현은 ≪고려도경 高麗圖經≫에 나오는 선군(旋裙)에서도 찾아볼 수 있어. 치마는 치마 [赤亇]로 표음되기도 했지.

삼국시대에는 고구려 고분벽화에서 보이는 바와 같이 길이가

(한국민족문화대백과, 한국학중앙연구원)

길고 잔주름이 치마단까지 잡혀 있고, 또 단에는 선(襈)이 있어. 이때의 저고리는 엉덩이까지 내려오는 긴 것이었어. 고려시대에 내려오면 ≪고려도경≫ 부인조(婦人條)에 보이는바, 상하가 다 황상(黃裳)을 입었다. 또 천사조(賤使條)에는 8폭의 선군을 몇 겹 둘러 겨드랑이에 높이 치켜 입었어.

부귀한 집 처첩은 7·8필을 겹쳐 입었다 했는데, 이는 조선시대의 무지기에서 보듯 치마 아래를 푸하게 하기 위해서 그때에도 이와 비슷한 것이 있지 않았나 생각되지만 그것은 자세히 알 수 없어. 이때만 해도 고려 전기이니 만큼 아직도 저고리는 좀 길었을 것이고, 후기 몽고복식의 영향을 받아 저고리 길이가 점차 짧아지게 됐어.

그렇다고 해서 우리 치마 형태에 그다지 큰 변화가 있었다고는 보이지 않아. 조선시대에 와서는 평상복으로는 짧은 치마·긴 치마, 예복용으로 스란(膝襴)치마·대란(大襴)치마로 대별할 수 있었어. 짧은 치마는 서민이나 천민이 입었고, 긴 치마는 반인(班人) 계급에서 착용했는데, 때로는 이 긴 치마를 예식용으로도 사용했어.

짧은 치마나 긴 치마나 홑 또는 겹이 있었고, 긴 치마에는 출토유물에서 얇게 솜을 둔 것도 볼 수 있어. 스란치마는 스란단을 한 단, 대란치마는 두 단을 치마단에 더한 것으로 겹이었어. 이에는 무지기를 3·5·7층 겹쳐 입어 허리 아래를 푸하

여성의복과 관련된 우리말 어휘

게 버티었고, 특히 왕가(王家)에서는 무지기 밑에 대슘치마를 입어 치마 아래도 버텼어.

중기 이후로는 저고리 길이가 짧아질대로 짧아진 때였으니, 여자 한복의 하후상박(下厚上薄)의 특징을 이에서 볼 수 있게 돼. 그 곡선이 더없이 아름다운 가운데 치마는 유동적인 것이어서 그 곡선미를 더욱 두드러지게 해주고 있는 거야. 개화기에 들어서는 여자도 자유로운 외출과 사회활동이 허용됨으로써 짧은 통치마가 생겨났어.

이 통치마는 최활란(崔活蘭)이 1907년 동경 유학에서 귀국할 때 입은 데서 유행했어. 이 통치마나 짧은 치마가 활동하는 여성의 사회복이 되자 짧아져가기만 하던 저고리 길이도 이와 알맞을 정도의 길이가 됐지. 치마 허리끈이 이때에 와서는 어깨허리 끈으로 사용하기도했어.

현대에 와서는 피복 재료의 다양성과 함께 복식미의 발전으로 짧은 치마류는 양장으로 대신되고, 오히려 긴 치마는 한복을 사랑하는 이들에게 때마다 환영받는 옷이 되고 있어.

개짐
[개짐]

생리 때 샅에 차는 헝겊

오늘날 여성들의 생활필수품이라 할 수 있는 '생리대'가 일반화한 것은 그리 오래되지 않은 일이야. 요즈음의 간편하고 위생적인 생리대가 상품으로 나오기 전까지 여성들은 달거리(월경)를 하게 되면 마치 아기들이 기저귀를 차는 것처럼 샅에 수건을 찼어. 그때 썼던 천이나 수건 같은 것을 '개짐'이라 했어. 결국 '개짐'은 그 용도가 오늘날의 생리대와 꼭 같은 거야. 그러니 생리대를 '개짐'으로 불러도 무방하지 않을까.

개짐 (좋은 문장을 쓰기 위한 우리 말 풀이사전, 초판 1쇄 2004., 10쇄 2011., 박남일)

여성의복과 관련된 우리말 어휘

거들지
[거들찌]

손을 감추기 위해 두루마기나 여자의
저고리 소매 끝에 길게 덧대는 소매

이를 한자말로 '한삼(汗衫)'이라고 하는데, 일상복보다는 춤출 때 입는 무용복에서 많이 볼 수 있어. 예컨대 탈춤을 출 때 한삼자락 휘날리며 덩실덩실 춤을 추는 모양새를 떠올려보면 그 모양이 생생하기도 해. 또한 고구려 고분벽화에 거들지 자락을 휘날리며 춤추는 여인들의 모습이 그려져 있어

백팔십팔 (좋은 문장을 쓰기 위한 우리 말 풀이사전, 초판 1쇄 2004., 10쇄 2011., 박남일)

[난들뻘]

난벌과 든벌, 또는 드나들면서 입을 수 있는 옷

외출할 때만 입는 옷이나 신발을 '난벌' 또는 '나들잇벌'이라고 해. 나들이할 때 입는 '외출복'이라는 뜻이야. 또한 집에 있을 때, 즉 집에 들어와서 입는 옷이나 신발을 '든벌'이라고 해. '난벌'은 많은 사람들에게 보이는 옷이므로 아무래도 예의와 격식을 차릴 필요가 있는 옷이야. 반면에 '든벌'은 입기 편해야 하기 때문에 실용성이 강조됐어. 그러다 보니 실용성과 격식을 둘 다 살릴 수 있는 옷이 생겨나게 됐는데, 요즘에는 이런 옷을 일컬어 '캐주얼'이라는 말을 흔히 쓰지. 이것이 우리말로는 '난든벌' 또는 '든난벌'이야.

(좋은 문장을 쓰기 위한 우리 말 풀이사전, 초판 1쇄 2004., 10쇄 2011., 박남일)

여성의복과 관련된 우리말 어휘

동곳
[동곧]

상투가 풀리지 않게 꽂는 물건

동곳을 빼면 상투가 흐트러지는데, 격식과 체면을 생명처럼 여겼던 유교 사회에서 상투가 풀어지는 것은 굴복을 상징하는 것이었지. 사극에서 보면 더러 전쟁에서 진 장수나 옥에 갇힌 죄인들이 머리를 풀어헤친 채로 형틀을 차고 있는 모습을 볼 수 있는데, 이것이 곧 '동곳이 빠진' 모습이야. 그래서 '동곳(을) 빼다'라고 하면 굴복하는 것을 의미해.

백구심 (좋은 문장을 쓰기 위한 우리 말 풀이사전, 초판 1쇄 2004., 10쇄 2011., 박남일)

댕기
[唐只]

땋은 머리 끝에 드리우는 장식용 헝겊

한자어로는 취음하여 '당지(唐只)'라 쓰지. 머리를 흩어지지 않게 묶기 위해서는 헝겊이나 끈이 필요했거든. 댕기는 여자의 수발(修髮)과 함께 생겨났다고 할 수 있어. ≪북사≫ 열전에 백제의 처녀는 머리를 뒤로 땋아 늘어뜨리고, 부인은 두 갈래로 나누어 머리 위에 얹었다고 적혀있어. 신라에서는 부인들이 머리 [髮] 를 땋아 머리 [頭] 에 두르고 비단과 진주 등으로 장식을 했다고 해.

고구려고분벽화에서도 끈으로 장식한 모습이 있어, 고구려·백제·신라의 삼국이 모두 댕기를 사용하였음을 볼 수 있지. ≪고려도경≫ 부인조에 처녀는 홍색 나(羅)로 머리를 묶고, 남은 머리는 뒤로 내려뜨렸으며, 출가하면 머리를 틀어 나로 묶고 작은 비녀를 꽂았다고 하였으니, 이는 제비부리댕기와 쪽댕기를 연상시키기도 해. 고려 후기는 몽고의 영향을 받게

(한국민족문화대백과, 한국학중앙연구원)

여성의복과 관련된 우리말 어휘

돼. 변발(辮髮)이 일반화 되면서, 댕기는 필수품이 되었어.

조선시대도 처녀와 총각은 물론, 부인의 쪽머리나 얹은머리도 변발을 하게 됨에 따라, 댕기는 더욱 중요한 수식품(首飾品)의 구실을 했어. 개화기 이후 단발머리와 서구식 리본이 들어오면서 댕기는 차차 사라지고, 요즈음 특수한 예복을 입는 경우에만 사용되고 있어. 댕기는 실용성과 장식성을 겸하며, 신분이나 길흉사에 따라 색과 재료를 달리 사용하기도 하고, 가식된 문양에 따라 상징성을 가지기도 해.

댕기는 용도에 따라 여러 가지가 있으며
그 종류로는 예장용(禮裝用)으로는

① 떠구지댕기 : 궁중의식에 비(妃)·빈(嬪)이 큰머리 [巨頭味 : 떠구지머리] 에 사용하였던 자주빛 댕기야.

② 매개댕기 : 궁중의식 때 어여머리 [於由味] 에 더하여 떠구지를 할 때 연결부분에 사용하는 너비가 좁은 검은 댕기가 있어.

③ 도투락댕기 : 큰댕기 또는 주렴(朱簾)이라고도 한다. 예장하였을 때의 뒷댕기로서 검은자주색 비단류로 만들어. 보통 댕기보다 넓으며 길이는 치마길이보다 약간 짧고 두 갈래로 되어 있고, 겉에는 금박을 찬란하게 했어. 윗부분에는 석웅황

(石雄黃)이나 옥판(玉板)을 달고, 아랫부분에도 석웅황·밀화(蜜花)·금패(錦貝)로 만든 매미 5마리를 달아 두 갈래진 댕기를 연결해주었다. 서북지방에는 이와 비슷한 것이 있어 고이댕기라고 불렀어.

④ 드림댕기 : 혼례복에서는 뒷댕기인 도투락댕기와 짝을 이루는 앞댕기로, 다른 예복에서는 뒷댕기 없이 이 앞댕기인 드림댕기만을 하는데, 검은자주색에 금박을 했고, 갈라진 양끝에는 진주·산호주 등의 장식을 했어.

일반용으로, ① 제비부리댕기 : 변발한 처녀나 총각이 하였는데, 처녀는 붉은색, 총각은 검은색이었지. 또, 총각은 포백(布帛)으로 하고 아무런 장식이 없는 것이었지만, 처녀는 비단으로 하여 때로는 금박을 하기도 하고, 댕기고에 옥판이나 옥나비 또는 칠보나비를 붙이기도 했어.

② 도투락댕기 : 예장용의 도투락댕기와 같은 것을 어린이용으로 만들었어. 뒷머리가 짧으므로 댕기 위에는 조그만 깃을 달아 뒤통수 귀밑머리 밑에서 바짝 달아주게 돼 있어. ③ 말뚝댕기 : 어린이용으로 도투락댕기와 비슷한 것인데, 도투락댕기의 시기를 지나 제비부리댕기를 드리기 전에 했어.

④ 쪽댕기 : 쪽찔 때 사용하는 것으로, 머리를 땋아가다가 끝부분에서 끼워 넣어 쪽이 곱게 틀어지게 했어. 색은 젊은 사

여성의복과 관련된 우리말 어휘

람은 홍색, 나이가 든 사람은 자주색, 과부는 검정색, 상제는 흰색이었으며, 8,90세 노인도 내외가 함께 생존하고 있으면 자주댕기를 했어.

이렇게 네 가지가 있고,
궁녀용으로는

① 네가닥댕기·두가닥댕기 : 나인(內人)들이 자주색의 무늬 있는 사(紗)로 만들어 새앙머리에 매었어.

② 팥잎댕기 : 팥잎처럼 가장자리가 말린다 해서 붙여진 이름으로, 궁중의 무수리와 세수간의 나인들이 사용했어.

두 가지가 있어.

얹은머리
[언즌머리]

**영조, 정조대에서 개화기 초기까지의
사대부 부인의 머리 형태**

두발을 땋아 앞 정수리에 둥글게 고정시키는 머리모양인데, 상대(上代)로부터 내려오는 부인의 기본머리형이야. 제 머리를 그대로 후두(後頭)로부터 틀어 끝을 앞머리 중앙에 감아 꽂는 방법과, 가체를 가지고 후두부에서 양 귓가를 감아 얹는 트레머리형으로 나눌 수 있어. 이 두 가지 머리형은 고구려 고분벽화에서 쉽게 볼 수 있어. 『수서』 동이전 백제조나 『구당서』 동이전 신라조 등에도 기록돼 있어. 이 머리 형태는 조선시대까지 그대로 시행했는데, 가체를 더해서 높고 크게 만드는 것이 유행해. 가체에 대한 사치가 날로 심해지고 폐단 또한 많았는데, 1788년(정조 12) 발제개혁(髮制改革)을 단행해서 가체를 금하고 제 머리만으로 쪽을 찌고 족두리로 대신하라는 강력한 금령을 내려. 그 뒤 얹은머리 풍습은 점점 사라지게 돼. 그러나 1940년대까지도 북쪽지방에서는 그대로 남아 있었지.

(HAIR DESIGN & ILLUSTRATION, 2003. 3. 20., 임경근)
얹은머리 (한국민족문화대백과, 한국학중앙연구원)

여성의복과 관련된 우리말 어휘

족두리
[족뚜리]

부녀자가 예복에 갖추어 쓰던 관

족두(簇兜) 또는 족관(簇冠)이라고도 해. 겉을 검은 비단으로 싼 여섯 모가 난 모자로 위가 넓고 아래로 내려갈수록 좁아. 속에는 솜이 들어 있고 그 가운데를 비게 해서 머리 위에 올려놔. 족두리라는 말은 고려 때 원나라에서 왕비에게 준 고고리(古古里)가 와전된 것으로 추정돼.

이 족두리가 사용되기 시작한 것은 원나라와의 혼인이 많았던 고려시대 후기로 볼 수 있어. 고려시대의 족두리는 조선시대의 것보다 모양이 크고 높이도 높았던 것으로 추측돼. 조선시대에 들어와서는 그 양식이 점차 작아지고 위와 아래가 거의 밋밋하게 비슷해져.

광해군 때에는 현금(玄錦)으로 거죽을 하고 자주색으로 안을 했어. 그 이후로 국내의 부녀들이 즐겨 써서 거의 국속(國俗)

족두리 [簇頭里] (한국민족문화대백과, 한국학중앙연구원)

이 되었고, 특히 영조·정조시대에는 가체(加髢)를 금하면서 족두리의 사용을 장려했어.

1788년(정조 12)에는 머리를 틀어 쪽찌고 머리 위에 족두리를 쓰게 했는데, 그 족두리를 만드는 데에는 면서(綿絮)나 양죽(涼竹)을 검은색으로 하고 칠보 등을 지나치게 쓰지 못하도록 금제령을 내렸어. 일반의 혼례 때에도 칠보족두리를 빌려 쓰지 못하게 금지했어.

부녀의 족두리 위에는 남편의 관직에 따라 금권자(金圈子)나 옥권자를 붙여서 등위를 표했어. 족두리에는 장식이 없는 민족두리와 족두리 위에 옥판(玉板)을 받치고 산호주(珊瑚珠)·밀화주(蜜花珠)·진주 등을 꿰어 만든 꾸민족두리가 있어. 또, 솜족두리라 하여 어여머리를 꾸밀 때 쓰는 것도 있는데, 이것은 어염족두리라고도 해.

이 밖에 상제(喪制)가 쓰는 흰색의 족두리가 있는데, 이는 장식을 하지 않고 납작한 모가 난 모자와 같은 양상이야. 족두리를 만들자면 모단 다섯 치와 솜 한 냥 반이 들어. 족두리는 현재까지도 신부가 신식 혼례를 마친 뒤 폐백을 드릴 때 원삼과 같이 쓰고 있지.

여성 혐오적
우리말 속담

여성 혐오 속담

(1) 악독하다

계집은 늙으면 독사가 된다
계집의 독한 말보다 오뉴월 서리가 싸다
과부 살이 십 년에 독사 안 되는 년 없다
꽃뱀에게 물리면 '아야' 소리도 못한다
늙은 여우같은 년
물, 불, 악처는 삼대재액
뱀 굴과 여자 속은 모른다
사나운 말이 수레를 부수고, 악한 아내가 집안을 망친다
쏘가리 같은 여편네다/여자는 탁 쏘는 맛이 있어야 귀엽다
여자 속은 뱀창자다
일생 화근은 성질 나쁜 아내

(2) 간사하다

계집치고 요물 아닌 것 없다
여우같은 계집이다
여우는 자면서도 닭 잡는 꿈만 꾼다
여우하고는 살아도 곰/소하고는 못 산다
여자는 요물이다
요망을 떤다

(3) 변덕스럽다
가을 날씨와 계집의 마음은 못 믿는다
여자와 가재는 가는 방향을 모른다
여자와 겨울 날씨는 믿을 수 없다

(4) 속 좁음
여자 속은 뱅댕이 속이다

(5) 어리석음, 미련함
곰하고는 살아도 여우하고는 못 산다
여우하고는 살아도 곰 소하고는 못 산다

(6) 질투, 투기
여자는 샘보와 아기보를 빼면 서 근도 안 된다
여자는 질투심과 허영심을 빼면 두 근도 안 된다

(7) 말 많음
사나운 암캐같이 앙앙하지 마라
암탉이 운다
암탉이 울면 집안이 망한다
암탉이 울어 난 샌 일이 없고, 장닭이 울어서 안 새는 날 없다
여자 셋만 모이면 사발도 말을 한다

이백일

여성 혐오 속담

여자가 셋이 모이면 접시가 엎치락뒤치락한다
여자가 셋이면 나무 접시가 들논다
입만 뾰족했으면 새소리도 하겠다.

(8) 말하기 제약: 변명
암탉이 오리 알 낳고도 수탉에게 할 말이 있다
처녀가 애를 배도 할 말이 있다.

(8) 말하기 제약: 변명
암탉이 오리 알 낳고도 수탉에게 할 말이 있다
처녀가 애를 배도 할 말이 있다.

(9) 음란함
꼬리 치는 년
여자는 밟힌다
꼬리를 친다
꼴도 보기 싫은 년이 속곳 벗고 덤빈다
눈웃음 잘 치면 색을 좋아한다
사내 등골 빼 먹는다
색시 귀신에 붙들리면 발을 못 뺀다
여자가 꼬리를 치면 오뉴월 봇줄도 흩어진다
오리 궁둥이를 해죽거리면 서 걷는다

주근깨 많은 여자는 색골이다.

(10) 바깥활동 금지, 외출 금지
가구는 빌리면 망가지고 여자는 돌리면 버린다
계집과 숯불은 쑤석거리면 탈난다
계집과 옹기그릇은 돌리면 깨진다
과부 좋은 것과 소 좋은 것은 동네에서 나가지 않는다
그릇과 처녀
그릇은 돌리면 깨지고 여자는 돌리면 바람이 든다
달걀과 여자는 굴리면 깨진다
무하고 여자는 바람 들면 못 쓴다
물사발하고 여자는 울타리 밖에 두지 말랬다
여인은 돌면 버리고 기구는 빌리면 깨진다
여자와 바가지는 내돌리면 깨진다
여자와 접시는 밟으면 깨진다
유리와 처녀는 깨지기 쉽다
장작불과 화롯불은 건드리면 탈난다

(11) 설치는 행위
여자가 날뛰면 집안이 망한다
마가 열두 폭이다
치마폭이 넓다

여성 혐오 속담

치맛바람
치맛바람에 되는 일이 없다

(12) 정절
놀다가 아이 밴다
하룻밤을 자도 헌 색시이다

(13) 고운 얼굴
꽃 같은 얼굴에 달 같은 몸매
꽃은 반만 핀 것이 좋고, 술은 반만 취한 것이 좋다
말하는 꽃이다
미인 끝은 여우된다
바닷물 고운 것과 계집 고운 것은 바람 탄다
사내는 책이요, 여자는 거울이다
살결이 희면 열 허물을 가린다
쌀과 여자는 밤에 봐야 곱다
씻어놓은 흰 죽사발 같다
여자 얼굴 고운 것과 바다 고운 것은 못 믿는다
여자와 쌀은 흴수록 좋다
옷감과 여자는 밤에 봐야 곱다

(14) 몸매

꽃 같은 얼굴에 달 같은 몸매

무 뿌리처럼 날씬하다

물 찬 제비 같은 여자다

석양에 물 찬 제비다

(14) 몸매

꽃 같은 얼굴에 달 같은 몸매

무 뿌리처럼 날씬하다

물 찬 제비 같은 여자다

석양에 물 찬 제비다

(15) 젊음

값은 값이면 처녀다

꽃은 반만 핀 것이 좋고, 술은 반만 취한 것이 좋다

나이 차서 미운 계집 없다

말도 갈아타야 새 맛이다

여자 20대는 꿀같이 달고, 여자 30대는 무장아지처럼 짭짤하고, 40대는 시금털털하고, 50대는 매운맛이 나고, 60대는 쓴맛만 남는다

여자와 가지는 젊어야 좋다

여자와 돗자리는 새것이 좋다

이백오

여성 혐오 속담

여자와 옷은 새 것이 좋다
장은 묵을수록 값이 오르고, 처녀는 묵을수록 값이 떨어진다
통째로 삼켜도 비린내도 안 나겠다

(16) 못생긴 얼굴
개꽃에는 나비도 아니 온다
꽃은 꽃이라도 호박꽃이다
임자 없는 개꽃이라 나비도 아니 온다
진달래 지면 철쭉 본다
호박꽃도 꽃이냐
호박꽃도 꽃이라니까 오는 나비 괄시한다

(17) 몸매
깍짓동 같은 여자다
절구에 옷 입혀 놓은 형국이다
절구통에 치마만 걸쳤다

(18) 늙음
계집은 늙으면 독사가 된다
계집이 늙으면 호랑이가 된다
고목에는 눈 먼 새도 안 앉는다
고목이 되면 오던 새도 안 온다

꽃이 시들면 오던 나비도 아니 온다
꽃이 시들면 오던 나비도 아니 온다
꽃이라도 십일홍이 되면 오던 봉접도 아니 온다
낙화도 꽃이라고
설 지난 무요, 삼십 지난 여자다
여자는 삼십에는 꽃이 지고, 남자 삼십에는 꽃이 핀다
여자는 젊어선 관음 같고, 늙어선 원숭이 같다
여자는 젊어선 여우고, 늙으면 호랑이가 된다
여자란 찬바람 들면 속 빼먹은 호두 같다

(19) 승순
계집과 돈은 숨겨두고 써라
남자는 하늘이고 여자는 땅이다
남편은 두레박 아내는 항아리
남편은 하늘같이 높다
딸과 호박 덩굴은 옮겨 놓는 대로 간다
아내와 집은 가꿀수록 좋다
여자 팔자는 윷쪽이다
여자(아내)는 남자(남편) 손에 붙은 밥풀이다
여자는 데려오기는 쉬워도 길들이기는 어렵다
여자와 집은 손실하기에 달렸다
여자와 집은 임자 만날 탓이다

여성 혐오 속담

여편네 팔자는 뒤웅박 팔자이다
전답과 처녀는 임자가 따로 없다
한 놈의 처첩은 몇이라도 한 줄의 생물이다.

(20) 소유 대상

계집과 음식은 훔쳐 먹는 것에 별미다
음식이든 계집이든 훔쳐 먹는 것이 별미이다
여자하고 날고기는 오래 두고 보지 마라
여자는 익은 음식이다
볶은 콩과 젊은여자는 곁에 있으면 그저 못 둔다
여자는 알밤 줍기다
군밤과 젊은 여자는 곁에 있으면 먹게 된다
고운 꽃이 먼저 꺾인다
꽃 보면 꺾고 싶은 것이 사내의 심정이다
고운 꽃이 먼저 꺾인다
가마솥과 마누라는 오래 될수록 좋다
계집 뒤바뀐 것은 모르고 젓가락 짝 바뀐 것은 안다
계집하고 그릇은 있는 대로 쓰인다
맏딸은 세간 밑천이다
사내는 아무리 가난해도 계집과 탕반기는 있다
아내와 가마솥은 옛것이 좋다
아랫목과 계집은 먼저 차지한 놈이 임자다

(21) 매매대상

겨울에 푹하면 딸 주고 소금 산다

계집도 팔아먹겠다

노름에 미치면 마누라도 팔아먹는다

마누라는 빌려 줘도 책/자동차/도장은 안 빌려 준다

빚값에 계집 빼앗긴다

얻기 쉬운 여자가 버리기도 쉽다

(22) 성적 대상

계집 싫어하는 사내놈 없고, 돈 싫어하는 사람 없다

명태는 빨랫방망이로 두드려야 하고, 여자는 가죽방망이로 두드려야 한다

두부 딱딱한 것과 여자 딱딱한 것은 쓸모가 없다

계집과 말은 타 봐야 안다

처녀와 얼룩소는 쓸 때 써 봐야 한다

한창 때는 치마만 봐도 꼴린다

꽃은 남의 집 꽃이 더 붉고, 여자는 남의 여자가 더 예쁘다

담 너머 꽃이 더 곱다

담 너머 능금은 먼저 따는 놈이 임자다

콩은 남의 콩이 더 커 보이고, 여자는 남의 여자가 더 고와 보인다

여성 혐오 속담

(23) 하찮은 활동
여편네 벌이는 쥐벌이/잔꾀는 여자가 많고, 큰 꾀는 남자가 많다

(24) 맞는 존재
명태와 여자는 두드려야 부드러워진다
계집하고 북어는 패야 입맛이 난다
개와 여자는 맞아야 길이 든다
여자하고 개는 길들이기에 달려 있다
여자는 하루에 세차례 안 맞으면 엉덩이에 꼬리가 난다
여자는 사흘에 한 번은 맞아야 사람이 된다
여자 버릇은 방망이로 고쳐야 한다
여자하고 아이는 길들일 탓이다
여자는 다홍치마 때 길들여야 하고, 자식은 열 살 안에 길들여야 한다

(25) 부지런함, 노동
살림 못하는 년이 거울만 본다
자식 많은 어미 허리 펼 날 없다
초승달같이 바지런하다

(26) 처가살이 부정
처가살이, 고용살이다
처가살이 삼 년에 아이들도 외탁하더라
처가살이 십 년에 등신 안 되는 놈 없다

(27) 시집살이 권장
여자는 한번 시집가면 그 집 귀신이 된다
여자는 집안 귀신 노릇만 하다가 죽는다
죽어도 시집 귀신 된다

(28) 고부 갈등
딸 자랑하는 입이 며느리 험담도 잘한다
때리는 서방보다 말리는 시어미가 더 밉다
사나운 시어미 밑에 큰며느리, 사나운 시어미 되더라고
시어미 건기침에 입 떨어진다
시어미 미워 개 배때기 친다
시어미 죽는 날도 있다
시어미가 미우면 남편도 밉다
고양이 덕은 알아도 며느리 덕은 모른다
고양이와 며느리 덕은 모른다
날 적 송아지, 들 적 며느리
딸 오줌소리는 은조롱금조롱, 외며느리 오줌소리는 쐐쐐한다.

여성 혐오 속담

딸은 쥐 먹듯 하고 며느리는 소 먹듯 한다
며느리는 문서 없는 종이다

(29) 처첩제의 허용과 갈등
본처는 소요, 첩은 여우다
참외를 버리고 호박을 먹는다
첩은 양념 맛으로 데리고 산다
첩은 양념이고 본마누라는 밥이다
첩은 양념이고, 큰마누라는 밥이다
첩은 여우고 큰 마누라는 일만 하는 소다
큰마누라는 법으로 살고 작은마누라는 정으로 산다
한 마당에 암말이 둘이다
한 외양간에 암소가 두 마리다
시앗끼리는 하품도 옮지 않는다
시앗 싸움엔 돌부처도 돌아앉는다
시앗이 시앗 꼴 못 본다
시앗 죽은 눈물이 눈 가장자리나 젖으랴

(30) 딸년
남편 밥은 누워 먹고 아들 밥은 앉아 먹고, 딸의 밥은 서서 먹는다
딸 삼형제면 화냥년 욕하지 말고 아들 삼형제면 도둑놈 비웃

지 말랬다
딸 셋 시집보내면 대문을 열어 놓아도 도둑맞을 물건이 없다
딸 셋 키우면 기둥뿌리가 빠진다
딸 하나 잘못 두면 두 집이 망하고, 아들 하나 잘못 두면 한 집이 망한다
딸년은 도둑년이다
딸은 부잣집으로 보내고, 며느리는 가난한 집에서 데려와야 한다
딸자식은 애물이다

1판 1쇄 펴냄 2020년 11월 11일

지은이 김루시(오현지)
편집자 박지수

주소 01456) 서울 도봉구 도봉로 114길 57 1층 도도봉봉

발행인 김도봉
펴낸곳 도도봉봉
이메일 local5@daum.net
인스타 okdan2_01 / dodo_bongbong